Hazrat Mirza Bashir Ahmad · Vierzig schöne Edelsteine

Hazrat Mirza Bashir Ahmad

Vierzig schöne Edelsteine

40 Aussprüche des Heiligen Propheten Mohammad
(Friede und Segen Allahs seien auf ihm)
mit Erklärungen

VERLAG DER ISLAM

Impressum

VERLAG DER ISLAM
Frankfurt/Main
Babenhäuser Landstraße 25

Gesamtherstellung: Stowasser, Werdorf

ISBN 3-921458-18-8

Printed in Germany

Vorwort zur 2. Auflage

Nach dem Heiligen Qur-ân sind die *Ahadith*, in denen die Praxis (*Sunna*) des Heiligen Propheten Mohammad (Frieden und Segen Allahs seien auf ihm) zum überwiegenden Teil mündlich – und dann schriftlich – überliefert ist, die wichtigste Quelle für die Rechtleitung eines Muslims. Manche islamische Gruppierung hat den Irrtum begangen, die *Ahadith* überhaupt nicht zu berücksichtigen; dies vielleicht in der Befürchtung, unter ihnen könnten auch solche Überlieferungen sein, die im Nachhinein dem Propheten zugeschrieben worden sind, in Wirklichkeit aber Erfindungen wären.

Unser vom Propheten Mohammad (Frieden und Segen Allahs seien auf ihm) prophezeiter Mahdi, Mirza Ghulam Ahmad, (Friede sei auf ihm), hat in seiner grundlegenden Schrift ›*Kishti Nuh*‹ (›Arche Noah‹) dazu Stellung bezogen. Er sagt: »*Aber obgleich das Hadith zu einem großen Teil auf Vermutungen beruht, so verdient es dennoch, als nützlich angenommen zu werden, vorausgesetzt, daß es dem Heiligen Qur-ân nicht widerspricht… Fehlende Würdigung des Hadith ist darum gleichbedeutend mit dem Wegschneiden eines großen Teiles des Islam-Körpers. Wenn aber das Hadith dem ›Sahid Buchari‹* (einer als authentisch geltenden Ahadith-Sammlung; d.V.) *widerspricht, dann soll es selbstverständlich nicht angenommen werden… Auf jeden Fall sollt ihr das Hadith gebührend anerkennen und ihm möglichst viel Gutes entnehmen, denn die Ahadith kommen vom Heiligen Propheten, und wenn sie durch den Heiligen Qur-ân und durch die Sunna nicht verworfen werden, dann sollt auch ihr sie nicht verwerfen. Im Gegenteil: das echte Hadith soll die Grundlage all eures Tuns und Lassens sein, sowie auch eurer Haltung bei Erfolg und Mißerfolg. Und wenn ein Hadith dem Heiligen Qur-ân widerspricht, dann sollt ihr euren Geist darin üben, es durch bestmögliche Auslegung mit dem Qur-ân in Einklang zu bringen. Wo aber solch eine Übereinstimmung nicht möglich ist, da sollte das betreffende Hadith verworfen und ausgemerzt werden, weil es nicht vom Heiligen Propheten stammen kann. – Aber ein Hadith, das als ›schwach‹ bezeichnet wird und trotzdem mit dem Heiligen Qur-ân übereinstimmt, muß angenommen werden, denn der Heilige Qur-ân hat es ja bestätigt.«*

In dieser Sammlung von vierzig wichtigen und auch berühmten Ahadith hat der Autor für alle Sucher der Wahrheit, seien sie nun bereits Anhänger des Islam oder nicht, Wege deutlich gemacht, die zu einem Leben führen sollten, das das Gefallen Gottes findet. Von Gott anerkannt zu werden aber bedeutet zugleich, in den Genuß von Kommunikation zu gelangen, die von Gott ausgeht. Gott hat ja im Heiligen Qur-ân versprochen, daß Er die Gebete der Gläubigen beantwortet. Und Er ist es, wie Er im Qur-ân sagt, Der aus den Finsternissen zum Licht führt. Möge dieses Schatzkästlein dazu beitragen, daß viele zum Licht des Allbarmherzigen finden.
Amen.

Hadayatullah Hübsch
Frankfurt/M. im September 1993

Inhalt

Vierzig
schöne Edelsteine

Einführung

Erklärung von Hadith

Hadith (pl. *Ahadith*) ist ein arabisches Wort und seine eigentliche Übersetzung ist: »Eine Darlegung, welche entweder ein Bericht ist oder in erzählende Form gebracht wird.« Seit jedoch die *Rede des Heiligen Propheten* (Friede sei mit ihm und die Segnungen Allahs) voll von Berichten und preiswürdigen Wahrheiten ist, wird sie terminologisch als *Hadith* bezeichnet. *Hadith* steht also für das heilige Wort, das unser Prophet, der edle Prophet (Friede und Segnungen Allahs seien mit ihm) äußerte oder das durch Augenzeugen zu Begebenheiten seines heiligen Lebens führt und das nach Verlauf einiger

Zeit durch seine Begleiter und die muslimischen Überlieferer späterer Zeit aufgeschrieben wurde.

Araber waren, wie es auch von christlichen Historikern bestätigt wird, mit einem außergewöhnlichen Gedächtnis begabt. Was immer sie sahen oder hörten, konnten sie deutlich und mit großem Sinn für Verantwortlichkeit erinnerern und gerade seit *Hadith* eine heilige und religiöse Angelegenheit und ein besonderer Zweig des Studiums ist, wird mit rücksichtsloser Härte in Bezug auf Wahrheit und Wahrhaftigkeit größte Sorgfalt auf ihre Mitteilungen gelegt. Die *Ahadith* des Heiligen Propheten (Friede Allahs sei mit ihm und Seine Segnungen) werden allen kommenden Generationen so mit außergewöhnlicher Sorgfalt überliefert. Zweifellos waren einige Überlieferer in bezug auf Erinnerung oder Intelligenz nicht so zuverlässig oder auch nicht in bezug auf Vollständigkeit, so daß man sich auf ihre Berichte nicht unbedingt verlassen konnte. Doch die ersten Gelehrten der *Ahadith*, die die ganze Fülle der Aussprüche und *Ahadith* des Heiligen Propheten sammelten, haben solch unverletzliche Regeln und Kriteria niedergelegt, daß es ein Leichtes ist, durch reines Nachforschen eine zuverlässige *Hadith* von einer unzuverlässigen zu unterscheiden.

Methode der Übermittlung

Die Methode, *Ahadith* zu übermittlen, besteht aus Angaben des Begleiters, der persönlich von dem Heiligen Propheten (Friede sei mit ihm und die Segnungen Allahs) eine Bemerkung vernommen hat oder ihn eine bestimmte Sache hat ausführen sehen und seine Mitteilung zum Zwecke der Wissens-Vermittlung an andere, die den Heiligen Propheten nicht sahen oder hörten oder an diejenigen, die nicht zur Zeit der gesegneten Periode des Heiligen Propheten (Segnungen Allahs seien mit ihm und Sein Friede) lebten, weitergaben. Die Feststellung, die die *Hadith* übermittelt, würde normalerweise wie folgt lauten: Ich hörte von so und so, daß er von dem und dem Begleiter des Heiligen Propheten (Friede sei mit ihm und die Segnungen Allahs) hörte, daß der Heilige Prophet (Friede und Segnungen Allahs seien mit ihm) bei dieser oder jener Gelegenheit das und das sagte – oder dies oder jenes tat. Sie konnten so den Bericht den anderen mit erfrischendem Glauben und lebendigem Wissen vermitteln. Auf diese Weise sind die *Ahadith* des Heiligen Propheten (Friede sei mit ihm und die Segnungen Allahs) für die kommenden Generationen durch eine ordentlich gefügte und ungebrochene Kette von Überlieferern erhalten.

Kategorien der Überlieferer

Überlieferer von *Ahadith* sind in verschiedene Kategorien eingeteilt. Die erste ist die der Muslim-Überlieferer, die den Heiligen Propheten (Friede und Segnungen Allahs seien mit ihm) persönlich hörten oder eine Sache tun sahen. Jene sind als Begleiter bezeichnet. Zur zweiten Kategorie gehören die Überlieferer, die etwas vom Begleiter hörten und es weiter vermittelten. Der erstere ist als *Tabi'i* bezeichnet und derjenige der nächsten Kategorie ist als *Taba Tabi'i* bezeichnet. Von da an läuft die ganze Kette der gewöhnlichen Vermittler weiter. Gleicherweise sind die Überlieferer eingeteilt auf Grund ihres Gedächtnisses und ihrer Intelligenz und Gründlichkeit.

Standardwerke der Hadith

Die *Ahadith* waren, grob gesagt, seit der Mitte des zweiten Jahrhunderts nach der *Hidjra* bis zum Ende des dritten Jahrhunderts gesammelt und in Buchform zusammengetragen. Es gibt eine große Anzahl von Büchern mit *Ahadith*, aber sechs von ihnen sind als im höchsten Grade zuverlässig und werden als Standardwerke betrachtet. Sie sind deshalb als *Sihah Sitta*, als sechs authentische Bücher über die *Ahadith*, bekannt. Ihre Namen sind wie folgt:

1. *Sahih Bukhari*: Gesammelt von Imam Muhammad bin Ismail Al-Bukhari (194 A.H. bis 256 A.H.). Dieses Werk Imam Bukharis ist ein authentisches Buch für die *Ahadith*, und Imam Bukhari ist als hervorragendste Figur unter den Sammlern von *Ahadith* angesehen. Das *Sahih Bukhari* ist deshalb als das zuverlässigste Buch Allahs nach dem Qur-ân, dem Buch Allahs, bezeichnet worden.

2. *Sahih Muslim*: Gesammelt von Imam Muslim bin Al Hajj an-Nisha-puri (204 A.H. bis 261 A.H.). Sein Buch wird als das zweitbeste der 6 Standardbücher der *Ahadith* betrachtet und ist als ausgezeichnete und zuverlässige Sammlung anerkannt. Die meisten Sammler von *Ahadith* haben das *Sahih Bukhari* und das *Sahih Muslim* als die zwei korrektesten Werke (*Sahihain*) bezeichnet.

3. *Jami Tirmizi*: Gesammelt vom Imam Abu Isa Muhammad bin Isa al-Tirmizi (209 A.H. bis 279 A.H.). Er ist ein Schüler Bukharis. Seine Sammlung von *Ahadith* ist in hohem Ansehen gehalten.

4. *Sunan Abu Dawud*: Gesammelt von Imam Abu Dau'd Sulaiman bin al-Ashas as-Sijjistani (202 A.H. bis 275 A.H.). In der Sammlung und im Vergleich mit zuverlässigem Material nimmt er einen hohen Platz ein. Doch die Wissenschaftler sind getrennter Meinung, wem sie den Vorzug geben sollen: *Jami Tirmizi* oder *Sunan Abu Dawud*.

5. *Sunnan an-Nisai*: Gesammelt von Imam Ahmad bin Shoaib an-Nisai (215 A.H. bis 306 A.H.). Imam Nisai ist einer der führenden Schüler der *Ahadith*, und sein Werk ist gewöhnlich an fünfter Stelle zwischen den sechs Standardbüchern (*Sihah Sitta*) eingeordnet.

6. *Sunnan Ibn Majah*: Gesammelt von Imam Muhammad bin Yazid bin Majaha al-Qizvaini (209 A.H. bis 273 A.H.). Dieses Buch ist an sechster Stelle der Standard-Bücher *Sihah Sitta* (der sechs korrekten Werke) gestellt worden. Es ist ein gutes Buch.

All diese *Muhaddissin* (Sammler oder Herausgeber von *Hadith*) verbrachten ihr ganztes Leben mit der Suche nach *Ahadith* und trafen ihre Auswahl aus einem großen Angebot von Hunderttausenden von *Ahadith*. Die ganze muslimische Welt schuldet diesen Männern Dank. Möge Allah ihnen die auserlesenste Belohnung zukommen lassen. Im Anschluß an die oben erwähnten sechs Bücher seien noch die zwei folgenden Werke genannt, da sie ebenso wohlbekannt sind.

1. *Moatta*: Gesammelt von Imam Malik Ibne Ans al-Madani (95 A.H. bis 179 A.H.). Imam Malik ist außer, daß er eine führende Stellung unter den Sammlern von *Ahadith* einnimmt, noch als führender Jurist und einer der vier Berühmtheiten der Jurisprudenz angesehen, dem viele Muslime in allen Fragen von *fiqh* (Jurisprudenz) folgen. Die Anhänger von Imam Malik sind Maliki genannt. Geboren in einer Zeit, die der des Heiligen Propheten (Friede Allahs sei mit ihm und Sein Segen) am nächsten ist und dadurch, daß er seine erste Ausbildung in Medina erhielt, nimmt Imam Malik eine hervorragende Stellung ein. Hazrat Shah Waliullah Muhaddis Dehlvi, *Mujaddid* des 12. Jahrhunderts nach der *Hidjra*, gibt diesem Werk, auf Grund seiner persöhnlichen Vorliebe, Vorrang vor dem *Sahih Bukhari*. Es besteht wenig Zweifel, daß das *Moatta* in der Tat ein großartiges Buch ist.

2. Musnad Imam Ahmad bin Hanbal al-Baghaddi (164

A.H. bis 242 A.H.). Imam Ahmad bin Hanbal ist sowohl als führender Wissenschaftler der *Ahadith*-Sammler angesehen als auch als berühmter Doktor der Jurisprudenz wie Imam Malik. Die Muslime, die seiner Schule der Jurisprudenz folgen, sind *Hanbalis* genannt. Seine Auswahl ist ebenso von hohem Standard, obwohl wegen mangelnder Wachsamkeit seitens seines Sohnes einige weiche *Ahadith* ihren Weg in dieses große Werk fanden.

Die anderen zwei Imame für *fiqh* sind der Imam Abu Hanifa (80 A.H. bis 150 A.H.) und Imam Shafi'i (105 A.H. bis 204 A.H.). Imam Abu Hanifa, geöhnlich als Imam Azam bekannt, hatte die größte Anhängerschaft. Er ist als führende Figur unter den Imamen der Jurisprudenz bekannt. Er opferte die meiste seiner Zeit für Fragen des *fiqh*. (Imam Shaf'is Sammlung von *Ahadith*, bezeichnet als *Kitabul Imam*, ist ein Werk von Ruf.)

Kategorien der Ahadith

Gelehrte haben die *Ahadith* in verschiedene Kategorien eingeteilt. Von diesen sind die folgenden am bekanntesten:

1. *Hadith-i-Qauli*: Diese Art der *Hadith* bringt die Worte des Heiligen Propheten (Friede und Segnungen Allahs seien mit ihm), die tatsächlich von ihm geäußert worden sind; daß zum Beispiel ein Begleiter berichtet, daß der Heilige Prophet (Friede Allahs sei mit ihm und Seine Segnungen) so und so eine Rede zu einem bestimmten Anlaß hielt oder mit den und den Worten zu einer bestimmten Person sprach oder so und so eine Anweisung zu dem oder jenem Begleiter gab usw.

2. *Hadith Fi'li*: Dieses *Hadith* hält nicht Worte oder Bemer-

kungen des Heiligen Propheten (Friede und Segnungen Allahs seien auf ihm) fest, sondern überliefert einige Ausführungen von ihm, wie z.B. der Heilige Prophet (Friede sei mit ihm und die Segnungen Allahs) tat dies oder jenes aus dem oder jenem Anlaß oder verrichtete diese oder jene religiöse Pflicht in so und so einer Weise.

3. *Hadith Taqriri*: Diese Art von *Hadith* übermittelt weder eine Bemerkung noch eine Tat des Heiligen Propheten (Friede Allahs sei mit ihm und seine Segnungen), stattdessen berichtet sie, was eine bestimmte Person in Gegenwart des Heiligen Propheten (Friede und Segnungen Allahs seien mit ihm) tat oder sagte und daß er nicht verbat, es zu tun oder zu sagen. Tatsächlich bedeutet das Wort *taqrir* in der arabischen Sprache nicht Rede. Hingegen meint es: sich aufrechthalten oder etwas aufrechterhalten. *Hadith taqriri* wurde also für eine *Hadith* gebraucht, welche eine Bemerkung oder eine Tat eines Begleiters als korrekt bestätigen, die in der Gegenwart des Heiligen Propheten (Friede und Segnungen Allahs seien mit ihm) gemacht oder getan wurden und gegen die er nichts eingewendet hatte.

4. *Hadith Qudsi*: In diesem *Hadith* schreibt der Heilige Prophet (Friede und Segnungen Allahs seien mit ihm) ein Wort oder eine Tat Gott dem Allmächtigen zu, besagend, daß Gott ihm solches befohlen hatte. Solch eine Offenbarung ist etwas anderes als die Qur-ân-Offenbarungen.

5. *Hadith Marfu*: Dieses *Hadith* verfolgt eine Bemerkung direkt bis zu dem Heiligen Propheten (Friede und Segnungen Allahs seien mit ihm) ohne Bruch in der Kette der Berichter.

6. *Hadith Maquf*: Dieses *Hadith* kann nicht bis zum Heiligen Propheten (Friede und Segnungen Allahs seien mit ihm) selbst verfolgt werden, sondern bricht kurz vorher ab oder kommt nicht von einem bestimmten Berichter her. Aber die Natur des *Hadith* und der Tenor und Ton der Feststellung garantieren den Schluß, daß der Heilige Prophet (Friede und

Segnungen Allahs seien mit ihm) diese Bemerkung gemacht hat.

7. *Hadith Muttasil*: Die Berichter dieses *Hadith* sind bekannt und erwähnt und in bestimmter Reihenfolge geordnet und keiner ist ausgelassen oder nicht identifiziert.

8. *Hadith Munqati*: Alle Berichter dieser *Ahadith* sind glaubwürdig in bezug auf a) Erinnerungsvermögen, b) Intelligenz und c) Zuverlässigkeit. Eine kleine Überlegung wird ausreichen, um zu erhärten, daß diese drei Kriteria genügen, die Glaubhaftigkeit eines Überlieferers zu testen.

9. *Hadith Zai'f*: Die Überlieferung mit einem unglaubwürdigen Berichter, entweder in bezug auf Erinnerungsvermögen oder Intelligenz oder Zuverlässigkeit – selbst wenn nur einer der Berichter als unglaubhaft gilt und alle anderen glaubhaft – wird als »weich« (*zai'f*) bezeichnet.

10. *Hadith Mauzu*: Eine Überlieferung, die mit Sicherheit auf einen lügenhaften Berichterstatter zurückgeht.

11. *Asar* (pl. *aasar*): Ist nichts als ein Bericht, der auf einer Bemerkung beruhend, die von einem Begleiter gemacht wurde. Er schreibt keine Bemerkung dem Heiligen Propheten (Friede sei mit ihm und die Segnungen Allahs) zu. Es ist klar, daß *Aasar* keinen Platz in der Gruppierung der *Hadith* hat, sondern außerhalb steht. Seit die Bücher der *Hadith* gewöhnlich auch *Aasar* enthalten, wird fälschlicherweise kein Unterschied zwischen beiden gemacht.

Unterschied zwischen Hadith und Sunnah

Ein bedeutender Punkt sollte ins Auge gefaßt werden: obwohl die meisten keinen Unterschied zwischen *Hadith* und *Sunnah* machen, sind doch die zwei in der Tat sehr verschieden. *Ahadith* bestehen aus den tatsächlichen Worten oder Einzelheiten der Begebenheiten um den Heiligen Propheten (Friede und Segnungen Allahs seien mit ihm), für die die Linie der darauffolgenden Überlieferer garantiert. Aber diese *Ahadith* oder Berichte sind aus der Erinnerung übermittelt, eifersüchtig überwacht und in den Herzen der Überlieferer verschlossen und zuerst mündlich weitergegeben. Sie sind später gesammelt und mit großer Sorgfalt in der Form von Büchern, zu verschiedenen Zeiten, schwankend zwischen 100 bis 150 Jahre nach der *Hidjra*, herausgegeben worden. Wohingegen die *Sunnah* nicht der Name für einen überlieferten Bericht ist, sondern für eine tatsächliche Ausübung des Heiligen Propheten (Friede und Segnungen Allahs seien mit ihm) in bezug auf eine religiöse Angelegenheit, die seine Begleiter zu seinen eigenen Lebzeiten und unter seiner eigenen Überwachung annahmen. Jede Generation hält sich streng an die eigentliche Form, in welcher der Heilige Prophet Religion praktizierte und in ihrer Folge den nachfolgenden Generationen übermittelte.

Wie z.B. als die qur-ânische Anweisung über Gebete dem Heiligen Propheten (Friede und Segnungen Allahs seien mit ihm) offenbart wurde, enthielt sie nicht, mit einer Ausnahme, Einzelheiten, wie die Anzahl der Gebete, die ein Muslim im Verlauf von Tag und Nacht beten soll, oder Zeiten der verschiedenen Gebete, die Anzahl der *Rakaats* in jedem und die Art, in der jede *Rakaat* ausgeführt werden soll usw. In dieser Beziehung gab er seinen Begleitern ein praktisches Beispiel in Übereinstimmung mit diesen Geboten, geführt durch die stillschweigende Eingebung durch Gott, was wie ein Göttliches Geschenk war – und machte die Begleiter durch Beispiele vertraut. Die Begleiter ihrerseits brachten diese praktische Form den *Tabi'in* und die *Tabi'in* brachten es mit ihren eigenen Beispielen den *Taba Tabi'in*.

So wurde eine Form von praktikabler Religion eingeführt,

die in ihrer Form unabänderlich ist und von Generation zu Generation weitergegeben wird.

Die *Sunnah* ist deshalb etwas anderes als die *Ahadith* und trägt größeres Gewicht und Festigkeit als die *Ahadith*. Wir bestätigen deshalb, daß die islamische *Shariat* grundsätzlich auf dem Heiligen Qur-ân und der *Sunnah* basiert. Denn der Qur-ân ist das Wort Gottes und die *Sunnah* ist die Praktizierung dieses Wortes, welche der Heilige Prophet mit seinem persönlichen Beispiel einführte; und durch das persönliche Beispiel seiner Begleiter erreichte es die folgende Generation und von dieser die nächste Generation und so wurde eine Fackel durch die andere entzündet. Dahingegen sind die *Ahadith* eine Sammlung von mündlichen Berichten (so sehr, daß selbst die *Fi'li* und *Taqriri Ahadith* durch mündliche Überlieferung auf uns gekommen sind), die den Status einer berichteten Gewißheit haben. Kein Zweifel, es ist eine machtvolle berichtete Gewißheit, die nicht ignoriert werden kann. Doch sie ist nicht so grundlegend wie der Qur-ân und die *Sunnah*. Nichtsdestotrotz, es ist kein Zweifel, daß die *Ahadith* ein kostbares Schatzhaus von historischen, geistigen und wissensmäßigen Gütern sind. Solange ein *Hadith* nicht im Gegensatz zu einem Qur-ân-Vers oder einem glaubwürdigen *Hadith* steht, ist es die Pflicht eines jeden Muslims, es anzuerkennen, im Gehorsam zu dem Qur-ânischen Gebot: »Gehorche Allah und dem Propheten« und es fürs ganze Leben zu einer Quelle göttlicher Führung zu machen. Es ist jedoch bedauerlich, daß einige der sogenannten Muslime unserer Tage die Bedeutung dieser preiswürdigen Güter der Weisheit in ihrer Bedeutung herabsetzen wollen.

Die Auswahl der vierzig Ahadith

Mit der obigen einfführenden Bemerkung sucht dieser demütige Diener Gnade, indem er vierzig ausgesuchte *Ahadith* des Heiligen Propheten (Friede und Segnungen Allahs seien mit ihm) darbietet. Diese *Ahadith* sind aus bekannten und Standard-Werken der *Hadith* ausgesucht. Eine einfache Übersetzung jedes *Hadith* mit einer ausführlichen erklärenden Bemerkung ist gegeben. Ich hoffe, daß, wenn muslimische Männer und muslimische Frauen und Kinder diese *Ahadith* dem Gedächtnis übergeben und im Gedächtnis behalten und ihre Gedanken und Taten in Übereinstimmung mit ihrem Geist bringen, sie darin eine Quelle von Segen, Gnade und Vergeben finden werden, so es Gott dem Allmächtigen gefällt. Diese *Ahadith* sind mit Vorbedacht auf die Anzahl von vierzig ausgesucht, erstens, weil die Zahl 40 dem Qur-ân zufolge Vollkommenheit darstellt und zweitens, weil in einem *Hadith* der Heilige Prophet (Friede und Segnungen Allahs seien auf ihm) sagt: »Wer, mit Hinblick auf die Wohlfahrt und Besserung der Menschen der Erinnerung wenigstens vierzig meiner *Ahadith* übergibt, wird am Tag der Auferstehung von Allah als ein Gelehrter und religiöser Wohltäter angesehen werden und ich will sein Fürsprecher sein bei Allah und ein Beweis seines Glaubens.« (*Baihiqi*)

Nach dieser einführenden Bemerkung gebe ich die vierzig *Ahadith* heraus, die ich nach meinem Gutdünken gesammelt und geordnet habe und bete, daß Gott der Allmächtige dadurch erfreut ist und sie mir und meinen Lesern eine Quelle Seiner Gnade und Barmherzigkeit und Segen und Wohlwollen werden läßt. Möge es so sein, oh Gnädigster von allem, was Gnade zeigt!

(١)

عَنْ عُمَرَ بْنِ الْخَطَّابِ قَالَ قَالَ رَسُوْلُ اللهِ
صَلَّى اللهُ عَلَيْهِ وَسَلَّمَ اَلْاِيْمَانُ اَنْ تُؤْمِنَ
بِاللهِ وَمَلٰٓئِكَتِهٖ وَكُتُبِهٖ وَرُسُلِهٖ وَالْيَوْمِ
الْاٰخِرِ وَتُؤْمِنَ بِالْقَدْرِ خَيْرِهٖ وَشَرِّهٖ (مسلم)

Hadith Nr. 1

Sechs Glaubensartikel

Erzählt von Hazrat Omar bin al-Khatab
(Allah habe seine Freude an ihm)

Der Heilige Prophet (Gottes Frieden und Segen sei mit ihm) sagte: »Die Forderungen des Glaubens sind: Du sollst glauben an Gott und an Seine Engel und an seine Bücher und an Seine Propheten und an den Jüngsten Tag, den Tag des Gerichts, und du sollst ebenso glauben an Gottes Bestimmung des Guten und an Seine Bestimmung des Bösen.« (Muslim)

Erklärende Anmerkungen:

In der obigen Überlieferung ist eine Definition des Glaubens enthalten, die, wie in der Lehre des Islams erklärt, aus sechs grundlegenden Glaubensartikeln besteht:

1. Glaube an Gott, Der, als der Schöpfer und Meister der Welt, das zentrale Thema jedes Glaubens und jeder Religion ist. Es darf daran erinnert werden, daß im Arabischen das Wort Allah auf kein anderes Wesen angewandt wird als auf den einzigen Gott, und es bezeichnet ein Wesen, frei von allen Mängeln und Nachteilen, das aber die besten Eigenschaften besitzt und alles Wissen und alle Macht hat.
2. Glaube an Engel, die eine unsichtbare, aber äußerst wichtige Schöpfung Gottes sind. Engel leiten das Wirken des Universums unter göttlichem Kommando und beaufsichtigen die gotterschaffene Folge von Ursachen. Sie handeln als Medium der Mitteilung zwischen Gott und seinem Propheten.
3. Glaube an die Bücher, die durch Gott offenbart wurden, durch die die Welt zur Kenntnis der göttlichen Absicht gelangt. Das letzte und ewige von diesen Büchern ist der Heilige Qur-ân, der alle früheren Gesetze ersetzt, die von zeitbedingtem rassischem Charakter waren, und von nun an gibt es kein Gesetz außer dem Qur-ân, bis zum Jüngsten Tag.
4. Glaube an die Propheten Gottes, denen von Zeit zu Zeit inspirierte Bücher offenbart wurden, und die die Welt durch ihr persönliches Beispiel mit der Absicht Gottes bekanntmachen. Propheten erschienen in jedem Volk, aber von allen göttlichen Botschaftern ist der Prophet Muhammad (Allahs Friede und Segen sei mit ihm), der vor 1400 Jahren in Arabien erweckt wurde, der letzte gesetzgebende Prophet, der Meister-Prophet und der Stolz der Nachkommenschaft Adams. Er ist der größte unter den Propheten.
5. Glaube an das Jüngste Gericht, welches unausweichlich

dem Tode folgen muß. Dann wird jedes Wesen Vergeltung erhalten für die in diesem Leben begangenen guten und schlechten Taten.

6. Glaube an die ordentliche Existenz des Guten und des Bösen, die in der Welt in Form eines göttlichen Gesetzes wirken. Mit anderen Worten bedeutet das, zu glauben, daß sowohl das Gesetz der Natur als auch das Gesetz der Religion (shariat) von Gott ersonnene Gesetze sind und daß Gott allein, der Gründer und der Wächter des materiellen und geistigen Universums ist. Er ist es, der für jedes Ding, sei es physischer oder geistiger Natur, als Grundsatz festgelegt hat, daß bestimmte Handlungen zu guten Ergebnissen führen, während gewisse andere Handlungen ebenso selbstverständlich böse Folgen haben. Die höchste Macht über all diese Gesetze ist bei dem, der sie erschaffen hat, bei Allah. Unter besonderen Umständen führt Er, um Seiner Propheten und Heiligen willen, außergewöhnliche Veränderungen in diesen Gesetzen herbei. Wie solche Änderungen auch immer beschaffen sein mögen, sie bilden immer Ausnahmen zu den Gesetzen und laufen niemals entgegen Seinen bekannten Wegen, Verheißungen und Eigenschaften. Das Phänomen der Wunder gehört zu der Kategorie dieser Ausnahmen.

(٢)

عَنِ ابْنِ عُمَرَؓ قَالَ قَالَ رَسُوْلُ اللّٰهِ صَلَّى اللّٰهُ
عَلَيْهِ وَسَلَّمَ بُنِيَ الْاِسْلَامُ عَلٰى خَمْسٍ شَهَادَةُ
اَنْ لَّآ اِلٰهَ اِلَّا اللّٰهُ وَاَنَّ مُحَمَّدًا عَبْدُهٗ وَرَسُوْلُهٗ
وَاِقَامُ الصَّلٰوةِ وَاِيْتَاءُ الزَّكٰوةِ وَحَجُّ الْبَيْتِ
وَصَوْمُ رَمَضَانَ (بخاری)

Hadith Nr. 2

Fünf Pfeiler des Islams
Erzählt von Hazrat Abdullah bin Omar
(Allah habe seine Freude an ihm)

Dder Prophet Allahs (Allahs Friede und Segen sei mit ihm) sagte: »Der Islam ist auf fünf (Säulen) gegründet:

1. Zeugnis mit Herz und Zunge, daß keiner anbetungswürdig ist, außer Allah und daß Muhammad Sein Gesandter ist;
2. Einhalten der Gebete;
3. Zahlen der Zakat;
4. Vollziehen der Pilgerfahrt zum Hause Allahs und

5. Fasten im Monat Ramadan.«

Erklärende Anmerkung: Wir wollen darauf aufmerksam machen, daß, während das vorangegangene Hadith den Glauben (Iman) definierte, dieses Hadith eine Definition des Islams gibt. Der Unterschied zwischen beiden ist, daß während Iman für Glauben steht, Islam zugleich auch Praxis bedeutet, und man kann erkennen, daß beide zusammen die Religion zu einem vollkommenen Ganzen machen. Der Glaube an Gott und den Propheten ist den beiden obigen Ahadith gemeinsam. In dem vorigen Hadith wurde der Glaube an Allah und den Propheten verbunden, um den Glauben durch das Herz besonders zu betonen und seine Bezeugung durch die Zunge. In dem vorliegenden Hadith wurde dies als Grundlage der Handlung eingeschlossen. In jedem Fall, gemäß der Definition des Islams in diesem Hadith, ist dem Glauben an die Einheit Gottes des Höchsten und an die Prophetenschaft des Heiligen Gesandten Allahs (Allahs Friede und Segen sei mit ihm) der erste Platz gewährt worden. Damit ist der Glaube eines jeden Muslims auf den heiligen Artikel gegründet, daß Gott eins ist und Muhammad Sein Prophet (Allahs Friede und Segen sei mit ihm), der letzte gesetzgebende Prophet.

Hierauf bauen vier gottesdienstliche Handlungen auf:

1. Die erste Handlung des Gottesdienstes ist das Gebet, es bedeutet im Arabischen (salat) »Verherrlichung und Lob«. Es wurde in der Form von fünf Gebeten während des Tageslaufs verbindlich gemacht, und es wird nach einer vorgeschriebenen Waschung (wudhu) in einer bestimmten Art und Weise verrichtet.

   Von diesen fünf Gebeten ist das erste das Morgengebet, es wird nach der ersten Morgendämmerung und bevor der Tag anbricht verrichtet. Das zweite Gebet ist das Zuher genannte Mittagsgebet, es wird vorgenommen, wenn die Sonne gerade den Zenit durchschritten hat. Das dritte Gebet ist das Asr-Gebet, welches verrichtet wird, wenn die Sonne schon weit fortgeschritten ist auf ihrem Abstieg. Das vierte, Maghrib oder Abendgebet genannt, wird unmittelbar nach Sonnenuntergang verrichtet. Das fünfte Gebet schließlich ist das I'sha-Gebet, welches nach Dämmerungsende verrichtet wird. Somit sind nicht nur verschiedene Zeiten des Tages, sondern auch die beiden Enden der Nacht, der Verherrlichung und Anbetung Gottes und den an Ihn gerichteten Gebeten gewidmet.

Der Zweck des Gebetes ist, eine persönliche Verbindung mit Gott zu gründen, immer Sein Andenken im Herzen wachzuhalten und das Innere von allem Bösen und allen schlechten Neigungen zu säubern. Nach anderen Aussprüchen des Heiligen Propheten (Allahs Frieden und Segen sei mit ihm) ist ein vollkommenes Gebet eines, während dessen der Betende das unmittelbare und sichere Gefühl hat, daß er Gott sieht oder zum mindesten, daß Gott ihn sieht.

Die zeitliche Verteilung der Gebete ist auch ein subtiler Hinweis auf die verschiedenen Perioden des menschlichen Lebens. Es ist deshalb nicht ohne Absicht, daß die Abstände zwischen den Gebeten während des letzten Teiles des Tages verkürzt sind, wenn die Dunkelheit der Nacht näherrückt. Der Gedanke ist, uns daran zu erinnern, daß mit zunehmendem Alter das Tempo der Vorbereitung für die kommende Welt beschleunigt werden sollte.

Salat ist die Art des Gottesdienstes, welche in Wirklichkeit die eigentliche Seele des religiösen Lebens ist, und deshalb ist es als das Miraj (Gipfel der geistigen Verzükkung) des Gläubigen bezeichnet worden. Wie intensiv die Bindung des Heiligen Propheten daran und wie groß seine Freude am Gebet war, zeigen seine folgenden Worte. Er pflegte zu sagen: »Die Kühle (das Entzücken) meiner Augen liegt im Gebet.«

2. Der zweite Punkt der vom Islam befohlenen praktischen Anbetung ist Zakat, was »Reinigung des Besitztums und Vermehrung der Güter« bedeutet. Das Hauptziel von Zakat ist, daß einerseits der Beitrag der Armen vom Reichtum der Reichen abgezogen werden soll, und andererseits sollen die Armen und Hilflosen mit der notwendigen Unterstützung versorgt werden, um die Stellung dieser Gruppe zu verbessern und das Los dieser Menschen zu lindern. Die Zakat wird auf das Eigentum erhoben, das nach Abzug eines Minimums übrigbleibt. Dieses wird Nisab genannt in der juristischen Terminologie. Davon werden Gold und Silber, Gold- und Silberschmuckstücke und Gold- und Silbermünzen einschließlich der Papierwährung zum Satze von 2½% besteuert. Es soll darauf aufmerksam gemacht werden, daß es keinen getrennten Nisab für Gold gibt, sondern daß dessen Nisab auf der Grundlage der laufenden Währung des Nisab für Silber bestimmt wird, dieser kann variiern mit der Veränderung des relativen Wertes der beiden Metalle. Kommerzielle Güter werden ebenso mit 2½% besteuert. Soweit landwirtschaftliches Gelände und Obstgärten betroffen werden, beträgt der Satz 10% der Ernte, wenn es sich um Barani (Land das auf Regen angewiesen ist) handelt. Wird das Land künstlich bewässert, beträgt der Satz 20%. Ohne auf Einzelheiten einzugehen, soll noch gesagt werden, daß für 40 bis 120 Ziegen oder Schafe eine Ziege erhoben wird, für je 30 Kühe und Büffel ein Kalb, für je fünf Kamele eine Ziege und ein junges weibliches Kamel für je 25 Kamele. Bergwerke, verborgene Schätze und versiegelte Depositen werden mit einer Einheitstaxe von 20% belastet. Die gesamten Einnahmen aus der Zakatsteuer müssen zur Unterstützung der Armen und Mittellosen, der Zahlungsunfähigen aufgewendet werden, außerdem für die Wanderer und jene, die nicht frei sind, zum Erwei-

chen der Herzen und zur Unterstützung jener, die aktiv an der Förderung der Sache des Glaubens arbeiten und zur Entschädigung des Stabes der Verwaltung der Zakat-Organisation. Dadurch spielt Zakat eine große Rolle bei der Regulierung des nationalen Wohlstandes.

3. Die dritte praktische Form der Anbetung ist Hajj. Hajj bedeutet Reisen zu einem heiligen Platz, und in der islamischen Theologie bedeutet es das Besuchen des Hauses Gottes in der Heiligen Stadt Mekka und eine Rundreise durch die Safah- und Marvah-Berge und das Anhalten, um am historischen Platz der Arafat-Ebene zu beten, 9 Meilen von Mekka, und auf dem Rückweg anhalten und beten bei Muzdalfa und schließlich in Mina, drei Meilen von Mekka, Opfer darbringen. Hajj fällt auf den 8., 9. und 10. des Mondmonats Zul Hajj. Es ist nicht bloß eine Pilgerfahrt zu den heiligsten Orten, verbunden mit dem von Abraham und Ismael vollzogenen Opfer, sondern ebenso mit ihr verbunden ist die heilige Überlieferung der frühen Leiden und Opfer des Heiligen Propheten (Allahs Friede und Segen sei mit ihm). Außerdem bietet Hajj die großartige Gelegenheit für Muslims aus verschiedenen Ländern und unterschiedlichen Rassen, sich zu treffen, einander kennenzulernen und sich gegenseitig zu beraten über Fragen von allgemeinem Interesse. Der Vollzug der Hajj (Pilgerfahrt) ist einmal im Leben verbindlich für jeden Muslim. In einem anderen Hadith wird hierzu ausführlich dargelegt, daß gute Gesundheit, die notwendigen Geldmittel, um die Ausgaben der Rückreise zu decken, und friedliche Zustände auf dem Wege die Voraussetzungen für den Vollzug der Hajj sind.
4. Die vierte praktische Form des Gottesdienstes besteht im Fasten während des Monats Ramadan. Es ist für jeden Muslim, der das entsprechende Alter hat und sich weder auf einer Reise befindet noch krank ist, verbindlich. Der

Kranke und der Reisende muß zu einer anderen Zeit dieselbe Zahl von Tagen fasten. Fasten wird im Arabischen Saum genannt, was bedeutet »sich selbst zurückhalten«. Diese disziplinierte Form des Gottesdienstes wird während des Monats Ramadan vollzogen, der wegen des Mondkalenders mit verschiedenen Jahreszeiten im Kreislauf zusammenfällt. Nachdem man eine Mahlzeit vor der Morgendämmerung eingenommen hat, muß man sich bis zum Sonnenuntergang jeglicher Speise, Getränke und des Geschlechtsverkehrs enthalten. In anderen Worten geben die Muslims während des Fastens ein schweigendes Beispiel des Opfers ihrer Personen und der Nachkommenschaft (durch Selbstverneinung und Zurückhaltung). Außer der Reinigung des Gefühls und der Gewöhnung an Härten ruft das Fasten Mitgefühl mit den Armen hervor, und es erfüllt die Aufgabe, den Geist des Opfers unter den Muslims zu verbreiten.

In Wahrheit, Fasten ist ein Quelle unendlicher Gnade.

(٣)

عَنْ جَابِرٍ قَالَ رَسُوْلُ اللّٰهِ صَلَّى اللّٰهُ عَلَيْهِ
وَسَلَّمَ اُعْطِيْتُ خَمْسًا لَمْ يُعْطَهُنَّ اَحَدٌ قَبْلِىْ
نُصِرْتُ بِالرُّعْبِ مَسِيْرَةَ شَهْرٍ وَجُعِلَتْ لِيَ
الْاَرْضُ مَسْجِدًا وَّطَهُوْرًا.... وَاُحِلَّتْ لِيَ الْغَنَائِمُ
وَلَمْ تَحِلَّ لِاَحَدٍ قَبْلِىْ وَاُعْطِيْتُ الشَّفَاعَةَ وَكَانَ
النَّبِيُّ يُبْعَثُ اِلٰى قَوْمِهٖ خَاصَّةً وَبُعِثْتُ اِلَى
النَّاسِ عَامَّةً (بخارى)

Hadith Nr. 3

Fünf an den Heiligen Propheten verliehene Auszeichnungen
Erzählt von Jabir
(Allah habe seine Freude an ihm)

Der Prophet Allahs (Der Friede und Segen sei mit ihm) sagte:
»Mir sind fünf Auszeichnungen verliehen worden, die noch keinem Propheten vor mir verliehen worden sind. Erstens bin ich mit Ehrfurcht gestärkt worden, so weit wie eine Monatsreise, zweitens ist die ganze Erde für mich zu einer Moschee und einem Vermögen der Reinheit gemacht worden, drittens wurde die Kriegsbeute rechtmäßig für mich

gemacht, sie war vor mir nie rechtmäßig; viertens wurde mir die Ehre der Fürbitte bei dem Herrn verliehen und fünftens bin ich der gesamten Menschheit gesandt, während die Propheten vor mir zu ihren einzelnen Völkern geschickt wurden.« (Bukhari)

Erklärende Anmerkung: In diesem Hadith hat unser Prophet (möge mein Leben seinem Dienste gewidmet sein) eingehend fünf Auszeichnungen geschildert, die ausschließlich ihm verliehen wurden und die seine erhöhte Stellung und die von Allah ihm reich gespendete Gnade zeigen sollen.

Seine erste Auszeichnung ist die göttliche Gabe der Ehrfurcht, die so weit wie eine Monatsreise reicht. Die Geschichte des Islams liefert den untrüglichen Beweis, indem sie zeigt, wie trotz der scheinbar leichten körperlichen Konstitution und des unauffälligen Lebens des Propheten ein Feind der Ehrfurcht vor ihm zitterte, sicherlich eine von Gott verliehene Gabe. Ja, es ereignete sich sogar bei vielen Gelegenheiten, daß der Feind einen Angriff gegen Medina plante und als der Heilige Prophet (Allahs Frieden und Segen sei mit ihm) sich mit einer kleinen Gruppe von Gefährten aufmachte, um ihn zu treffen, der Feind beim ersten Alarmzeichen floh. Wiederum, als der Heilige Prophet (Allahs Frieden und Segen sei mit ihm) einen Brief an den römischen Kaiser richtete und ihn aufforderte, den Islam anzunehmen, rief der Kaiser aus, als er weitere Einzelheiten über ihn gelernt hatte, »Wenn ich gehen könnte, um diesem Botschafter Allahs meine Ehrerbietung erweisen, so würde ich es in der Tat für eine große Ehre ansehen, wenn er mir erlaubte, seine Füße zu waschen.«

Die zweite Auszeichnung des Heiligen Propheten ist, daß die ganze Erde zu einer Moschee für ihn gemacht worden ist. Eine der Folgerungen hieraus ist, daß ein Muslim seine Gebete irgendwo verrichten kann, wenn die Zeit für die Gebete kommt, daß er also nicht einen bestimmten Platz für den Gottesdienst braucht, wie die Angehörigen anderer Glaubensrichtungen. Dies war notwendig, um die ausgedehnte Kampagne der Muslims zu erleichtern, den Islam über die ganze Welt zu verbreiten. Ähnlich wurde die Erde für ihn zum Mittel der Reinigung gemacht. Ein untergeordneter Aspekt dieser Tatsache ist der Umstand, daß ein Muslim, wenn er kein Wasser hat, tayyammum an Stelle von wudhu vollziehen kann. Diese Verbindung von Wasser und Erde steht im Zusammenhang mit der Erschaffung Adams, der gemäß der qur-ânischen Formulierung aus feuchter Erde geschaffen wurde.

Seine dritte Auszeichnung ist, daß entgegen den Gesetzen früherer Religionen, die forderten, die Kriegsbeute zu verbrennen, das islamische Gesetz dem Heiligen Propheten erlaubte, die in seine Hände gefallene Beute zu benutzen. Die hier zugrundeliegende Weisheit war einmal, jede nutzlose Vergeudung von nationalem Reichtum zu beenden, zum anderen sollte den Angreifern eine Lehre erteilt werden, wenn sie nämlich nicht aufhörten, andere zu bedrücken, würde ihr eigener Reichtum von ihnen weggenommen und den Bedrückten gegeben; drittens um die Schwachen unter den Muslims mit einer Quelle der Stärke in den islamischen Verteidigungskriegen zu versehen.

Die vierte Auszeichnung des Propheten ist das ihm verliehene höchste Amt der Fürbitte. Shafaat bedeutet wörtlich »Gefährte« oder »ähnlich«, es bedeutet auch nicht gewöhnliches Gebet. Stattdessen bezeichnet es das besondere Amt, das von einem Begünstigten Gottes kraft seiner doppelten Rolle gehalten wird, einerseits in engem Kontakt mit Gott, auf der anderen Seite in naher Verbindung mit den Menschen zu stehen. Er ist berechtigt, Fürbitte einzulegen bei dem Herrn. Der Kern dieser Fürbitte würde folgendermaßen lauten: »Oh Gott, im Namen Deiner mir früher gezeigten Gunst und meiner tief empfundenen Sorge um des Wohlergehen Deiner Geschöpfe (oder einiger einzelner Individuen unter ihnen), bitte und bete ich, habe Barmherzigkeit mit Deinen armen schwachen Geschöpfen und sichere ihnen Deine Vergebung zu.« So dringt er auf die auf innig empfundenen Sorge für die Wohlfahrt Seiner Geschöpfe (oder für die Angelegenheit einer einzelnen Person), dadurch von Ihm Barmherzigkeit für Seine schwachen Geschöpfe und Seine Vergebung erbittend. In diesem Zusammenhang sagte der Heilige Prophet (Allahs Friede und Gnade seien mit ihm) in einer anderen Hadith, daß, wenn am Tag des Jüngsten Gerichts die Menschen von äußerster Panik und Bestürzung erfaßt werden und alle anderen verzweifeln, werden sie sich zu guter Letzt zu ihm hinwenden, dann werde er für sie Fürsprache bei Gott einlegen und seine Fürbitte werde angenommen werden.

Die fünfte Auszeichnung des Heiligen Propheten ist, daß während die früheren Propheten zu verschiedenen Zeitperioden zu einzelnen Völkern gesandt wurden, er für die ganze Welt erhoben wurde, für alle Völker und für alle Zeiten. Dies ist eine ganz besondere Charakteristik und in der Tat eine große Auszeichnung. Das Ergebnis war, daß seine von Gott verliehene Mission sich zu jedem Volk, zu jedem Land und zu jedem Alter ausbreitete, und er wurde als der Vollkommene erklärt, als die vervollkommnete Manifestation Gottes. In anderen Worten, es bedeutet, so wie es nur einen einzigen Gott der ganzen Welt gibt, so gibt es gleicherweise durch Seine Berufung nur einen Prophet für die ganze Menschheit.

Allah! Segne Muhammad und verleihe ihm und seiner Nachkommenschaft Friede.

(٤)

عَنْ اَبِيْ هُرَيْرَةَ ؓ يَقُوْلُ قَالَ رَسُوْلُ اللّٰهِ
صَلَّى اللّٰهُ عَلَيْهِ وَسَلَّمَ اِنِّيْ اٰخِرُ الْاَنْبِيَاءِ
وَاِنَّ مَسْجِدِيْ هٰذَا اٰخِرُ الْمَسَاجِدِ۔

(مسلم)

Hadith Nr. 4

Der Heilige Prophet ist der letzte Gesetzgeber
Erzählt von Hazrat Abu Hurairah
(Allah ist zufrieden mit ihm)

Der Gesandte Allahs (Möge Allahs Friede und Segen mit ihm sein) sagte:

»Ich bin der letzte Prophet und diese Moschee von mir (in Medina) ist die letzte Moschee.« (Muslim)

Erklärende Anmerkung: In diesem Hadith sagt unser Herr, der Heilige Prophet (Friede und Segen Allahs sei mit ihm): Er ist der letzte Prophet und kein Reformer darf nach ihm kommen, der seine prophetische Dispensation beendet und an deren Stelle eine andererе Dispensation beginnt. Wenn einer käme, würde er notwendigerweise einer seiner Anhänger sein, sein Schüler und ein Diener seiner shariah, in der Herde seiner Prophetenschaft und nicht außerhalb ihres Bereichs.

Um ihren Inhalt zu erklären, fügte unser Meister (Allahs Gnade und Frieden sei mit ihm) hinzu: »Und diese meine Moschee ist die letzte Moschee.« Es ist klar, daß mit diesen Worten nicht gemeint war, es würde keine andere Moschee mehr gebaut in der Welt. Im Gegenteil meinen sie, daß es keine Moschee mehr im Gegensatz zu seiner Moschee mehr geben würde und daß alle Moscheen hinfort in Übereinstimmung und Nachahmung seiner Moschee konstruiert werden sollen, als ihre Kopien und als ihre Spiegelbilder.

Ähnlich bedeutet »Ich bin wahrlich der letzte der Propheten«, daß es keinen Propheten in Zukunft geben kann, der ohne Verbindung zu ihm steht und mit einer kontrahierenden Prophetenschaft und mit einer anderen Religion als seiner. Stattdessen würde jeder, wer auch immer daher käme, sein Diener, sein Jünger, sein Untertan, sein Spiegelbild, kurz gesagt, ein Teil seiner Person sein. Dies ist die tiefe Philosophie der Bezeichnung Khatamannabiyyeen (Siegel der Propheten), die dem Heiligen Propheten (Allahs Friede und Segen sei mit ihm) in einem Vers des Qur-ân gegeben wird. Bedenke wohl den Punkt, daß, wenn der Sinn der Aussage: »Diese meine Moschee ist die letzte Moschee« unberührt bleibt, trotz zehntausender Moscheen, die in Muslim-Ländern außer seiner Moschee in Medina gebaut wurden, wie kann dann die Verleihung der Prophetenschaft an einen Diener, einen Jünger und einen Untertan aus seinen Anhängern gegen die Idee des Khatme Nabuwwat (Siegel der Prophetenschaft) sprechen oder gegen den Geist des Hadith »Ich bin wahrlich der Letzte der Propheten!«

Dieses Hadith bedeutet daher genau das, daß er der letzte gesetzgebende Prophet war und daß kein Prophet nach ihm kommen würde, frei von Bindung an ihn und mit einer anderen Shariat als der des Islams, und daß diese Moschee (in Medina) die letzte war und es soll keine Moschee in Rivalität zu ihr bestehen. Eine kleine Überlegung wird zeigen, daß es nicht vereinbar ist mit dem erhöhten Status des Heiligen Propheten (Allahs Friede und Segen sei mit ihm), daß er als der Beender der frei-fließenden früheren Gnaden angesehen wird. Im Gegenteil, sein Ruhm erfordert es, daß alle verschiedenen Ströme aufgehalten werden und erfrischt von seinem riesigen Fluß herausströmen sollten. Und dies ist die ganze Erklärung dafür, daß zu jeder Zeit führende Geistliche des Islams und große Reformer hervorgebracht worden sind. Hier sind einige von ihnen:

1. Das Haupt der Mystiker Hazrat Sheikh Akbar Mohayyuddin Ibne Arabi (560 A.H. bis 638 A.H.) sagt: –
   »Die Prophetenschaft, die aufhörte mit dem Kommen des Propheten Allahs – Allahs Friede und Segen sei mit ihm – ist die gesetzgebende Prophetenschaft.«
   (Fatuhat-i-Makkiya Bd. II S. 3)
2. Hazrat Imam Abdul Wahab Shirani, ein reputierter Imam (starb 976 A.H.) bemerkt: – »Prophetenschaft als solche endete nicht mit der Ankunft des Gesandten Allahs (Sein Friede und Segen sei mit ihm), sondern nur die gesetzgebende Prophetenschaft kam zum Abschluß.«
   (Al-Yavaqit val Jawahir Bd. I S. 22)
3. Hazrat Sheikh Ahmad Sirhandi Mujaddid Alf-i-Sani (starb 1034 A.H.), ein führender und angesehener Reformer des Islams, sagt: –
   »Es ist in keiner Weise unvereinbar mit dem Sinn von Khataman-Nabiyyeen, daß die Anhänger des Propheten Allahs die Vorzüge der Prophetenschaft erreichen sollten, durch die Kraft ihrer Treue zu ihm, als ihre Erbschaft. Also, sei nicht einer der Zweifler.«
   (Maktubat-i-Ahmadiyya Bd. I, Brief Nr. 271)
4. Hazrat Shah Waliullah Muhaddas Dehlavi, Mujaddid des

12. Jahrhunderts Hijra (1114 A.H. bis 1176 A.H.), weithin bekannt für sein eifriges Lernen, dessen gehobener Rang überall bekannt ist, sagt: –
»Daß die Prophetenschaft mit dem Heiligen Propheten (Der Friede Allahs und sein Segen sei mit ihm) endet, heißt, daß kein Prophet nach ihm erweckt werden soll, der ein neues Gesetz bringt.«
(Tafhimat-i-Ilahia, Tafhim 53)

5. Hazrat Maulvi Muhammad Qasim Nanotvi (1248 A.H. bis 1297 A.H.), ein Gelehrter der jüngsten Vergangenheit und der Gründer der Deoband Universität, die weit und breit auf dem Indo-Pakistanischen Sub-Kontinent als ein Zentrum der Orientalistik bekannt ist, sagt: –
»Der Gedanke des einfachen Volkes ist, daß der Prophet Allahs (Friede und Segen Allahs mit ihm) der Khatam in dem Sinne ist, daß seine Zeit das Ende der Propheten ist. Aber Menschen von Verstand ist es klar, es gibt keine Überlegenheit außer im früheren oder späteren Eintritt, in der Form von Zeitperioden, als ein Zeichen von Lob; wie kann dann der Vers: »Aber Er ist der Gesandte Allahs und das Siegel der Propheten« angewendet werden in diesem Sinne? Angenommen, ein Prophet würde nach dem Propheten Allahs (Sein Segen und Frieden sei mit ihm) erscheinen, so wird es kein Bruch des Muhammadi Khatamiyyat sein.«
(Tahzirunnas S. 3 und S. 28)

Deshalb bestehen wenig Zweifel, an der Ansicht, daß die Prophetenschaft ihre Vollkommenheit in der hehren Person des Heiligen Propheten gefunden der die immer währende Shariah geöffnet hat und daß es keinen Propheten nach ihm gibt, aber einen, der teilhat an seinen Gartenfrüchten in seinem Dienst, indem er sein Siegel der Beglaubigung trägt, die Gunst seiner gespiegelten Prophetenschaft erbt und erhoben wird, der Religion zu dienen, die von ihm gebracht wurde. Mögen jene Leute diesen Punkt begreifen und den Heiligen Propheten anerkennen.

(۵)

عَنْ عُمَرَ بْنِ الْخَطَّاب قَالَ سَمِعْتُ رَسُوْلَ
اللهِ صَلَّى اللهُ عَلَيْهِ وَسَلَّمَ يَقُوْلُ اِنَّمَا
الْاَعْمَالُ بِالنِّيَّاتِ وَاِنَّمَا لِكُلِّ امْرِئٍ مَّا
نَوٰى ۔ (بخاری)

Hadith Nr. 5

Handlungen werden nach den hinter ihnen stehenden Motiven belohnt

Erzählt von Hazrat Omar bin al-Khattab (Allah habe seine Freude an ihm)

»Ich hörte den Propheten Allahs (Allahs Frieden und Segen sei mit ihm) sagen: ›Wahrlich, Taten werden nach ihren Absichten (gerichtet) und für jedermann gibt es eine Belohnung gemäß seiner Absicht.‹« (Bukhari)

Erklärende Anmerkung: Dieses subtile Hadith wirft helles Licht auf die Philosophie, die menschlichen Taten zugrundeliegt. Es leuchtet ein, daß scheinbar gute Werke von vielerlei Art sein können. Einige Handlungen werden aus reiner

Macht der Gewohnheit vorgenommen. Einige in Nachahmung anderer Leute, ja einige sogar nur aus Reklame und zur Schau. Aber unser Meister, der Heilige Prophet (Allahs Frieden und Segen sei mit ihm), sagt, daß alle diese Taten ohne jegliches Ergebnis sind und keinerlei Gewicht vor dem Gott des Islams haben. Korrekte Taten seien jene, die mit einer wahren Absicht und in aufrichtigem Geist getan würden. Solch eine Tat ist es, die eine echte Belohnung von Gott verdient. In Wirklichkeit ist es so, daß solange das Herz eines Menschen, seine Zunge und seine Glieder, d.h., Hände, Füße und andere Glieder, nicht harmonisch zusammenarbeiten beim Vollzug eines Werkes, eine solche Tat ohne jeden Wert ist. Ein aufrichtiges Motiv im Sinn, Zeugnis durch den Mund von der Reinheit dieses Motivs und praktische Bezeugung durch Hände und Füße, das macht eine Handlung der Annahme wert. Wenn es einer Person an Aufrichtigkeit des Motives fehlt, so ist sie ein Heuchler. Wenn ihre Zunge nicht Zeugnis ablegt für ihre inneren Gefühle, ist sie ein Feigling. Wenn ihre Hände und Füße nicht in Übereinstimmung mit ihrem erklärten Ziel arbeiten, ist sie eine ärmliche Schauspielerin. Eine aufrichtige Handlung ist deshalb eine, die durch ein wahrhaftes Motiv vorangetrieben wird. Mit der Ehrenhaftigkeit des Vorhabens kann ein Mensch seine anscheinend weltlichen Handlungen zu höheren Tugenden von religiösem Charakter machen. Der Heilige Prophet (Allahs Friede und Segen sei mit ihm) sagt in Bezug auf diese Angelegenheit, daß, wenn ein Ehemann seiner Frau einen Bissen in den Mund steckt, weil es der Wille seines Schöpfers ist, daß er für den Lebensunterhalt und das Wohlergehen seiner Frau zu sorgen hat, diese Handlung in der Gegenwart Gottes sicherlich als ein Akt der Frömmigkeit angesehen würde. Aber es ist ein Gegenstand des Bedauerns, daß unzählige Menschen in dieser Welt die Gebete nur vollziehen, weil sie von frühester Kindheit an in dieser Gewöhnung sind. Ebenso gibt es viele Menschen, die fasten, nur weil die Menschen in ihrer Umgebung es auch tun. Nicht zuletzt vollziehen unzählige Menschen die Pilgerfahrt, damit sie als Hajjis unter den Leuten bekannt werden, damit sie als fromm angesehen werden und dadurch ihre Geschäfte Auftrieb bekommen sollen. Dieses Hadith unseres Meisters (möge mein Leben seinem Dienst gewidmet sein!) machte alle solche Handlungen ungültig. Eine falsche Handlung, so tugendhaft sie auch immer aussehen mag, kann nicht irgendeinen Lohn von Allah erhalten. Unzweifelhaft ist eine wahrhafte Tat eine solche, die von einem wahrhaften und reinen Motiv ausgeht, denn der Lohn der Taten wird nach den Motiven zugemessen.

(٦)

عَنْ اَبِیْ هُرَیْرَةَ قَالَ قَالَ رَسُوْلُ اللهِ صَلَّی اللهُ
عَلَیْهِ وَسَلَّمَ اِنَّ اللهَ لَایَنْظُرُ اِلٰی صُوَرِکُمْ
وَاَمْوَالِکُمْ وَلٰکِنْ یَّنْظُرُ اِلٰی قُلُوْبِکُمْ وَ
اَعْمَالِکُمْ (مسلم)

Hadith Nr. 6

Allah sieht auf die Herzen

Erzählt von Hazrat Abu Hurairah
(Allah habe seine Freude an ihm)

Der Prophet Allahs (Allahs Frieden und Segen sei mit ihm) sagte: ›Allah sieht nicht auf euer Äußeres noch auf euren Reichtum, sondern auf eure Herzen und eure Taten.‹« (Muslim)

Erklärende Anmerkung: In diesem Hadith hat der Heilige Prophet (der Friede und Segen Allahs sei mit ihm) zwei Dinge erwähnt, die, obwohl Gaben, von Gott zu Zeiten Ursachen einer großen Prüfung für Männer und Frauen werden können und werden. Von diesen ist eines körperliche Schönheit und Anmut, die hauptsächlich für die Frauen zu einer Quelle großer Sorgen wird. Das zweite ist Reichtum und Überfluß, welches im allgemeinen die Männer arg in Versuchung bringt. Indem er diese beiden als Beispiele anführt, sagte der Heilige Prophet (Allahs Frieden und Segen sei mit ihm), daß sie zwar ohne jeden Zweifel, große Gaben Gottes sind, die Muslims aber beachten sollten, daß Allah die Menschen nicht nach dem Vorhandensein von Schönheit bei den Frauen, noch von Reichtum bei den Männern einschätzt, sondern daß Er auf ihre Köpfe und Herzen sieht, die die Quelle und die Verwahrungsorte für die menschlichen Gedanken und Gefühle sind und daß Er dann auf ihre Taten sieht , welche das Ergebnis ihrer Gedanken und Gefühle sind.

Das in diesem Hadith gebrauchte Wort *Qalb* steht für beides, Herz und Geist: denn *Qalb* bedeutet wörtlich dan zentralen Punkt eines Organismus, und das Herz und der Geist sind beide in ihren Bereichen Zentren des körperlichen Organismus; der Geist als das Zentrum der geistigen Erfahrung und das Herz als das Zentrum der offenbaren Gefühle. Indem der Heilige Prophet in diesem Zusammenhang die Worte *Qulub* (Herzen) und *Aamal* (Taten) gebraucht, weist er darauf hin, daß, obwohl körperliche Schönheit und materieller Reichtum Gottesgaben sind und man sie schätzen soll, Gott nur Notiz nimmt vom Herz (Qalb) der Menschen und von ihren Taten (Aaamal). Es ist deshalb die Pflicht eines jeden Muslims, zu versuchen, seinen Geist, sein Herz und seine Taten zu verbessern, anstatt stolz zu sein auf die Gaben körperlicher Schönheit und weltlicher Güter.

Es muß richtig aufgefaßt werden, daß die Ermahnung des Heiligen Propheten (Allahs Frieden und Segen sei mit ihm), daß Gott der Erhabene die Herzen und die Taten der Menschen beobachtet, nicht nur meint, daß diese Dinge bei Ihm Gewicht haben am Tage des Jüngsten Gerichts, sondern wirkliches Gewicht den Gefühlen des Herzen, den Motiven des Geistes und den Handlungen der Glieder gegeben wird.

Die Wahrheit ist, daß einst einem Volk die Gnade gewährt wurde, daß, falls seine Herzen, sein Geist und seine Glieder in der richtigen Weise zu handeln begännen, keine Macht seinen Fortschritt hindern, noch es an der Verwirklichung der höchsten Werte hindern könne.

(٧)

عَنْ اَبِیْ هُرَیْرَةَ قَالَ قَالَ رَسُوْلُ اللّٰهِ صَلَّی اللّٰهُ
عَلَیْهِ وَسَلَّمَ مَنْ اٰمَنَ بِاللّٰهِ وَرَسُوْلِهٖ وَاَقَامَ
الصَّلٰوةَ وَصَامَ رَمَضَانَ كَانَ حَقًّا عَلَی اللّٰهِ اَنْ
یُّدْخِلَهُ الْجَنَّةَ جَاهَدَ فِیْ سَبِیْلِ اللّٰهِ اَوْ جَلَسَ
فِی الرَّوْضَةِ الَّتِیْ وُلِدَ فِیْهَا۔ قَالُوْا اَفَلَا نُبَشِّرُ
النَّاسَ یَا رَسُوْلَ اللّٰهِ قَالَ اِنَّ فِی الْجَنَّةِ مِائَةَ
دَرَجَةٍ اَعَدَّهَا اللّٰهُ لِلْمُجَاهِدِیْنَ فِیْ سَبِیْلِ
اللّٰهِ مَا بَیْنَ الدَّرَجَتَیْنِ كَمَا بَیْنَ السَّمَآءِ وَ
الْاَرْضِ فَاِذَا سَاَلْتُمُ اللّٰهَ فَاسْئَلُوْهُ الْفِرْدَوْسَ
فَاِنَّهٗ اَوْسَطُ الْجَنَّةِ وَاَعْلَی الْجَنَّةِ وَفَوْقَهَا
عَرْشُ الرَّحْمٰنِ وَمِنْهَا تَتَفَجَّرُ اَنْهَارُ الْجَنَّةِ۔

(بخاری)

Hadith Nr. 7

Unterschied zwischen einem aktiven und einem inaktiven Muslim

Erzählt von Hazrat Abu Hurairah Allah sei erfreut durch ihn.

›Der Prophet Allahs (Friede Allahs sei mit ihm und Seine Segnungen) sagte: ›Dem, der an Allah und seinen Propheten glaubt und die Gebete verrichtet und Fasten hält im Ramadan, verspricht Allah, ihn ins Paradies einzulassen, ob er für Seine Sache kämpft oder in dem Gartenhaus sitzt, in dem er geboren ist.‹ Sie (die Begleiter) sagten: ›Sollen wir denn diese frohen Nachrichten den Menschen mitteilen, o Prophet Allahs؟‹ Der Prophet antwortete so: ›Es gibt hunderte Stufen im Paradies, die Allah für die, die auf dem Wege Allahs kämpften, vorbereitete und zwischen jeder ist ein Unterschied, so groß, wie zwischen Erde und Himmel. So, wenn Du Allah bittest, bitte Ihn um das Firdaus: denn, es ist das zentrale Paradies und das höchste und hoch über ihm ist der himmlische Sitz des gnädigen Gottes und dort entspringen die Ströme des Paradieses.« (Bukhari)

Erklärende Bemerkung: Entgegen meiner sonstigen Gewohnheit, auszuwählen, zitierte ich dies vergleichsweise längere Hadis, da wir dadurch gewisse Tatsachen kennenlernen, die sowohl nützlich als auch wichtig und grundlegend, sind und diese sind:

1. Daß es nicht nur eine Stufe des Paradieses gibt, sondern zahlreiche, von denen das Firdaus die höchste ist und, sozusagen, die Quelle aller Flüsse des Paradieses.
2. Daß der Unterschied zwischen der höchsten Stufe der seßhaften Muslime und der untersten Stufe der Muslims, die für Seine Sache kämpften, so groß sein wird, wie der Abstand zwischen Himmel und Erde.
3. Daß Muslime nicht nur bestrebt sein sollen, sich die Stufen, die für die Kämpfer Gottes reserviert sind, zu verdienen, sondern sogar die höchste dieser Stufen, d.h. das Firdaus, soll ihr Ziel sein.
4. Daß die verschiedenen Stufen des Paradieses verschiedenen Graden der Nähe Gottes, des Höchsten entsprechen und deshalb ist die höchste Stufe des Paradieses als Platz, der dem Göttlichen Thron am nächsten ist, ausgewählt worden.
5. Daß die Geschenke des Paradieses keinen materiellen Charakter haben; sie sind geistiger Natur. Denn seine Abstufung ist durch die Grade der Nähe zu Gott abgegrenzt. Und, wenngleich ihr Geist am Körper teilhaben wird, wie die Taten an ihm teilhaben, wird nichtsdestoweniger im Paradies, selbst der menschliche Körper von gei-

stiger Natur sein und die körperlichen Gaben dieses Platzes werden deshalb, in Übereinstimmung mit ihrem grundlegend geistigen Maßstab, klar und rein sein.

Dies ist die feine geistige Weisheit, die aus diesem Hadith erwächst. Diese Bemerkung des Heiligen Propheten (Friede und Segnungen Allahs seien mit ihm) zielt darauf ab, das Ziel und das Ideal der Muslims zu erhöhen: Ohne Zweifel kann ein Muslim, der die Gebote für das Fasten und für die Gebete und andere obligatorische Pflichten mit Aufrichtigkeit im Herzen befolgt (Hajj und Zakat sind in diesem Hadith nicht erwähnt worden, da sie obligatorisch nur für die Wohlhabenden und Menschen mit Vermögen und nicht obligatorische Bindungen für jeden Muslim sind) aber hübsch daheim sitzt, sein Heil erlangen und sich selbst vor der Göttlichen Bestrafung retten. Aber er kann nicht der hervorragenden Geschenke, die einen Menschen zu der besonderen Gunst der Nähe Gottes berechtigen, würdig sein. Diese Gläubigen, die sich nach höherem Fortschritt sehnen, verdanken diesen sich selbst, dem Aufgeben ihres Lebens in der Heimat und der Aufnahme des Lebens als Kämpfer für Gott und dem Verdingen in den Dienst des Prophetens, Tag und Nacht! Die Wahrheit ist, daß ein seßhafter Muslim – der Nutzen seines Glaubens und dessen Folgen bleiben begrenzt auf seine eigene Person –, sich nicht nur um die höchsten Göttlichen Gaben bringt, sondern sich stündlich in Gefahr versetzt, denn er befindet sich am Ufer und ein leichtes Abweichen von seiner Richtung kann ihn vom Platz des Heils stoßen und ihn zur Zielscheibe von Bestrafungen machen. Aber ein Muslim, der ein Kämpfer auf Gottes Weg ist, ist sicher vor diesen möglichen Gefahren.

Die Frage ist, wie man ein Soldat Gottes wird. Die Antwort ist, daß es viele Wege gibt, an dem großen Ringen als ein Kämpfer Gottes teilzunehmen, aber der Heilige Qur-ân betont besonders nachdrücklich zwei.

Er sagt: »Allah gewährt Bevorzugung denen, die sich mit ihrem Besitz und ihrem Leben für Seinen Weg einsetzen, gegenüber denen, die zurückgezogen bleiben.«

Es scheint, daß Besitz und Leben die zwei großen Kräfte der Schlacht auf dem Weg Gottes sind. Auf den Teil des Besitzes fällt reichliche Geldzuwendung, Verbreitung und Ausbreitung des Islams und Festigung des Glaubens. Des Lebens Teil in der Schlacht für Gott liegt in Hingabe von Zeit, so viel und so oft man es möglich machen kann, im Dienst für den Glauben (in seiner Verbreitung und in Ermahnung zur Disziplin) und wenn nötig, ohne Zögern, in Opferung des Lebens selbst – und wer in diesen zwei Arten von Kampf für Gott mit ganzem Herzen teilnimmt, wird der höheren Göttlichen Gunst, die für die Kämpfer Gottes bestimmt ist, würdig. Aber einer, der nur zurückgezogen lebt, Gebete verrichtet und das Fasten hält, kann nicht erwarten, daß er einen Lohn erhält, der mehr ist, als einem zurückgezogenem Muslim zusteht.

Wie äußerst besorgt um unser Wohlergehen ist unser der Heilige Prophet (Friede Allahs und Seine Segnungen seien auf ihm immer und ewig). Wie ein überaus nachsichtiger Vater sagt er uns, daß, während wir ohne Zweifel uns durch die Gebete und das Fasten vor Bestrafung schützen und Heil erwarten können, er uns rät, ein höheres Ziel zu haben und die Segnungen, die allein für die Soldaten Allahs vorbehalten sind, zu erstreben. Denn ohne dem kann der Aufstieg zu sozialem Gemeinschaftsleben nicht zu höchsten Höhen gelangen. Im Gegenteil, das Leben solcher seßhaften Menschen wird immer ernsthaften Gefahren ausgesetzt sein. In diesem Zusammenhang ist es höchste Pflicht der Eltern und später der Lehrer und Professoren, dem Geist der Kinder schon in jungen Jahren den Glaubenseifer und die Opferbereitschaft einzuflössen und sie nicht zufrieden sein zu lassen mit einem statischen seßhaften Leben und sie zu aktiven Dienern in

Glaubensangelegenheiten und den Sachen ihrer Heimat zu machen.

(٨)

عَنْ أَبِيْ سَعِيْدٍ قَالَ سَمِعْتُ رَسُوْلَ اللهِ صَلَّى اللهُ
عَلَيْهِ وَسَلَّمَ يَقُوْلُ مَنْ رَأَى مِنْكُمْ مُنْكَرًا
فَلْيُغَيِّرْهُ بِيَدِهٖ فَإِنْ لَّمْ يَسْتَطِعْ فَبِلِسَانِهٖ
فَإِنْ لَّمْ يَسْتَطِعْ فَبِقَلْبِهٖ وَذٰلِكَ أَضْعَفُ الْإِيْمَانِ

(مسلم)

HADITH NR. 8

Versuche, Übelstände zu beseitigen
Erzählt von Hazrat Abu Said
(Allah sei erfreut durch ihn)

»Ich hörte den Propheten Allahs (Friede sei mit ihm und die Segnungen Allahs) sagen: ›Wer auch immer von euch etwas sieht, das der Moral oder dem Glauben widerspricht, soll Er mit eigener Hand ändern, wenn er nicht die Kraft hat, das zu tun, mit eigener Zunge. Und wenn er das nicht kann, dann verachte er es mit dem Herzen und versuche, es (durch Gebete) zu ändern.‹ Aber er würde sagen, daß das die schwächste Form des Glaubens sei.« (Muslim)

Erklärende Anmerkung: Während das vorhergehende Hadith eine Ermahnung enthält, im Sinne Allahs zu kämpfen, und zeigt, wie ein treuer Muslim sich mit seinem Eigentum und seiner Person für den Kampf der Sache Allahs widmen soll, skizziert dieses Hadith ein besonderes Gebiet aus den vielen Formen von Jehad. Es betrifft die nationale, familiäre und individuelle Besserung. Der Heilige Prophet (Friede und Segnungen Allahs seien mit ihm) sagt, daß viele religiöse und moralische Übelstände bestehen, weil die Menschen zuviel Nachsicht haben mit sich selbst und mündliche und praktische Anweisungen der Besserung vermissen, mit dem Ergebnis, daß die Übelstände sich ausweiten; das schlechte Beispiel eines Menschen infiziert viele andere. Damit *nicht genug:* die natürliche Angst vor dem Übel beginnt zu schwinden und verliert ihren Halt in den Herzen der Menschen. Es ist für jeden leicht faßlich, daß es zusätzlich zu den Abschreckungsmitteln der Gesetze zwei große Verfahren gibt, dem Übel in der Gesellschaft zu begegnen. Eines davon ist die Aufsicht und der Rat der Älteren und Tugendhaften, die eine große Hilfe sind, weich veranlagte Menschen standhaft zu erhalten. Das andere Mittel ist die Furcht vor dem Bösen, die das Gewicht der öffentlichen Meinung beeinflußt. Dies dient dazu, eine große Anzahl von Menschen in heilsamer Hemmung zu halten, vor dem Irregehen zu retten. Zum Beispiel kommt ein Kind auf Abwege durch schlechte Gesellschaft. Aber rechtzeitige Kontrolle oder Beratung durch die Eltern oder anderer tugendhafter Älterer hält seinen Fall auf. Oder jemand fängt an, Ideen zu haben, die zu einem bestimmten Übel führen, aber das Gewicht der Gemeinschaft und die Furcht, an Ansehen in der öffentlichen Meinung zu verlieren, bewahren ihn vor dem Abgleiten. Selbst beim Fehlen von praktischer Aufsicht oder mündlichen Ratschlägen gehen die stillen Gebete der Frommen einen langen Weg, Menschen und Familien zu bessern. Mit diesem Hadith beabsichtigt der Heilige Prophet (Friede Allahs sei mit ihm und Seine Segnungen) alle drei verbessernde Faktoren zu aktivieren, so daß die

Tür zu sozialen Übelständen für Muslims geschlossen ist; *im Gegenteil, der Weg zu tugendhafter Aktivität ist weit offen*. Es gibt viele in der Welt, die sich weigern, auch nur ihren kleinen Finger zu rühren, gegen einen nahen Verwandten, einen Freund oder einen Nachbarn zu protestieren und so offensichtlich gegen eine unreligiöse und unmoralische Aktivität anzugehen, weil sie keine Gefühle verletzen wollen oder sich selbst nicht in eine Kontroverse einlassen wollen, oder sie fühlen sich nicht interessiert an der persönlichen Moral von irgend jemand anders. Das Übel schlägt Wurzeln vor ihren eigenen Augen, wächst von einem jungen Trieb zu einer Pflanze, von einer Pflanze zu einem Baum – aber sie stehen ungerührt, sich kaum vorstellend, daß durch Dummheit ein Feuer, das heute das Haus des Nachbarn zerstörte, morgen auf ihr eigenes Haus überspringen und es zerstören kann.

Es besteht kaum Zweifel, daß unser Vorbild, der Heilige Prophet (Friede und Segnungen Allahs mit ihm), dieses scharfsinnige und weise Gebot festgelegt hat, damit man nicht als desinteressierter Zuschauer des Feuers von Übel sei und untätig dasitze, sondern herbeieile, das Feuer zu löschen, das in des Nachbars Besitz wütet, und dann das eigne Haus vor dem Übergreifen der Zerstörung rette. Er teilte diese Unterweisung in drei Teile. Erstens, wenn jemand die nötige Kraft hat, soll er das Übel mit eigner Hand ausrotten. Zweitens, wenn er nicht die Kraft dazu hat, soll er versuchen, es mit gutem Zureden zu beseitigen, und wenn er das auch nicht vermag, soll er es wenigstens mit dem Herzen verdammen.

Es sei erinnert, daß die Anweisung, Böses auszurotten, nicht bedeutet, daß es unberechtigten Menschen erlaubt sei, Gewalt oder Waffen zu gebrauchen. In der Tat bedeutet es, daß Menschen, die in der Lage sind, Übel mit der Gewalt ihrer Macht zu beseitigen, verpflichtet sind, es zu tun. So, wenn ein Vater sieht, daß sein Sohn einen falschen Weg geht, oder ein Vorgesetzter einen Untergebenen den falschen oder üblen Weg gehen sieht, diese verpflichtet sind, die üblen Tendenzen mit dem Einsatz ihrer legitimen Autorität zu unterbinden.

Verhindern mit Worten bedeutet, Rat geben oder, wenn nötig, warnen. Verhindern durch Verdammen im Herzen bedeutet nicht, nur stille sein und ein passives Fühlen von Widerwillen im Herzen pflegen.

Der Heilige Prophet (Friede Allahs sei mit ihm und Seine Segnungen) hat die Worte gebraucht »umformen oder verhindern durch das Fühlen im Herzen«, was nicht gleichbedeutend sein kann mit einem mehr passiven Fühlen von Abscheu. Es heißt hingegen, ein inniges Gebet, das ein bewährtes Mittel von Besserung ist. Der Heilige Prophet (Segnungen Allahs seien mit ihm und Sein Friede) meint damit, daß wenn ein Mensch unfähig ist, Übles mit der Gewalt seiner Worte zu beseitigen, er wenigstens eine Anstrengung machen soll, durch seine tiefempfundenen Gebete eine Besserung herbeizuführen. Die Bemerkung des Heiligen Propheten (Friede und Segnunggen Allahs seien mit ihm), daß das Bemühen, durch das Gefühl des Herzens Besserung herbeizuführen, die weicheste Form des Glaubens ist, bedeutet, daß es eine weiche Art ist, eine Sache allein den Gebeten zu überlassen. Der treue Soldat Gottes ist jemand, der zusätzlich zu seinen Gebeten von den anderen Mitteln, die Gott zur Verfügung stellte, Gebrauch macht. Jemand, der es mit Gebeten gut sein läßt und ziemlich wenig tut, auch praktisch das Übel zu beseitigen, hat in der Tat nichts verstanden von der Philosophie der Besserung des Menschen. Das Gebet hat ohne Zweifel große Macht. Aber ein wirkungsvolles Gebet ist eines, das begleitet ist von wirkungsvollen praktischen Bemühungen, so daß man Empfänger Göttlicher Gnade wird, nicht nur durch mündliche Aktivität, sondern auch durch praktische Betätigung.

Alle treuen Muslime sollten deshalb diesem erhabenen Ausspruch des Heiligen Propheten (Friede Allahs sei mit ihm und Seine Segnungen) folgen. Wenn sie einige ihrer Verwandten, Freunde oder Untergebene etwas Falsches tun sehen, sollen sie diese mit eigner Hand davon abhalten, oder wenn jemand, dem sie nicht mit der Gewalt der Arme helfen können, falsch geht oder der praktische Eingriff aus Furcht vor Aufsehen unterbleibt, sollen sie ihn durch mündliche Anordnungen und Ratschläge zurückhalten. Aber wenn – weil es ihnen an Mut fehlt oder weil sie Aufsehen fürchten – es nicht möglich für sie ist, etwas zu unternehmen, sollen sie wenigstens das Böse mit innigen Gebeten bekämpfen. Wenn alle Muslime diese Regeln annehmen, wird das Gesicht und die Zukunft eines Landes in kurzer Zeit verändert sein; sie sind hoch wirksam und von großem praktischem Wert und Segen. Aber diejenigen, die still das Schauspiel des Übels betrachten und dabei passiv bleiben, können nicht als treue Muslime angesehen werden.

(٩)

عَنْ اَنَسٍ قَالَ قَالَ رَسُوْلُ اللّٰهِ صَلَّى اللّٰهُ عَلَيْهِ
وَسَلَّمَ وَالَّذِىْ نَفْسِىْ بِيَدِهٖ لَا يُؤْمِنُ اَحَدُكُمْ
حَتّٰى يُحِبَّ لِاَخِيْهِ مَا يُحِبُّ لِنَفْسِهٖ (بخارى)

Hadith Nr. 9

Wünsche für deinen Bruder,
was du für dich selbst wünschst

Erzählt von Hazrat Anas
(Allah sei erfreut durch ihn)

»Es sagte der Prophet Allahs (Friede und Segnungen Allahs seien mit ihm): ›Bei Gott, Der mein Leben in Seiner Hand hält, keiner von euch kann ein treuer gläubiger Muslim sein, wenn er nicht für seinen Bruder wünscht, was er für sich selbst möchte.‹« (Bukhari)

Erklärende Bemerkungen: Dieses Hadis stellt die wahre Richtlinie für die islamische Bruderschaft auf. Als Erstes von allem verbindet der Heilige Qur-ân alle Muslime in Bruderschaft, indem er erklärt: »Alle Gläubigen sind Brüder.«

Der Heilige Prophet (Friede und Segnungen Allahs seien mit ihm) erklärt den hohen Wert, zu dem sich diese Bruderschaft entwickeln soll, mit den Worten dieses Hadith. Wie kraftvoll sagt er, die Macht Gottes anrufend, daß der echte Wert der Bruderschaft der Gläubigen darin besteht, für seinen Bruder das zu wählen, was ein Muslim für sich selbst wählen würde. Durch diese kurze Bemerkung hat der Heilige Prophet (Friede und Segnungen Allahs seien mit ihm) alle Entfremdung und Konfliktmöglichkeiten zwischen den Muslims ausgemerzt, alle zu einem organischen Ganzen verbunden. Aber es ist ein Unglück, daß die meisten Menschen unserer Tage ganz gefangen sind in eigenen Interessen, in Ausnutzung aller Chancen für sich selbst, unter Ausschluß der anderen. Es bezieht sich auf diese Menschen, wenn der Heilige Qur-ân feststellt:

»Wehe denen, die, wenn sie die Maße von anderen erhalten, großzügig sind, wenn sie für andere wiegen, weniger bemessen. Denken sie, daß sie nie aufgerufen und vor ihren Herrn gebracht werden?«

Der Islam greift den Egoismus in seinen Wurzeln an und macht es echten Muslimen obligatorisch, für ihre Brüder zu wünschen, was sie für sich selbst wünschen. Es bedeutet jedoch nicht, daß die besonderen Rechte, die in der Shariah festgelegt sind, ignoriert werden sollen. So z.B. ist ein Vater verpflichtet, seine kleinen Kinder zu erziehen. Der Ehemann soll seine Frau gut behandeln, und Kinder sollen die alten Eltern versorgen. Gleichfalls hat die Shariah Anteile der Erben beim Tod eines Menschen zugeteilt: Witwen, Kinder, Eltern und andere erben bestimmte Teile des Vermächtnisses als ihr ihnen zustehendes Anteil. Gleichzeitig hat sich mit großem Nachdruck eingebürgert, an das Wohl der anderen Verwandten, Nachbarn und Freunde zu denken. Diese Rechte sind unantastbar. Sie beiseitelassend, erwartet der Islam in den alltäglichen Beziehungen und Verbindungen von jedem Muslim und legt ihm nahe, daß er für seinen Bruder wünsche, was er für sich selbst wünscht und nicht zweierlei Maß anlegt, eines für sich selbst und eines für die anderen. In einem anderen Hadith hat unser Vorbild, der Heilige Prophet (Friede und Segnungen Allahs seien mit ihm), Muslime als Glieder eines einzigen Körpers bezeichnet, und so wie der ganze Körper unruhig ist, wenn ein Glied schmerzt, so sollten alle Muslime sich unglücklich fühlen, wenn ein Muslim leidet. Dies ist das hohe Ideal der Bruderschaft, welchem der Prophet Allahs (möge meine Seele seiner Sache geweiht sein) vorschlägt, nachzueifern. Gebe Gott, daß wir diese Weisung achten.

(١٠)

عَنْ اَنَسٍ قَالَ قَالَ رَسُوْلُ اللّٰهِ صَلَّى اللّٰهُ عَلَيْهِ
وَسَلَّمَ اُنْصُرْ اَخَاكَ ظَالِمًا اَوْ مَظْلُوْمًا قَالُوْا
يَا رَسُوْلَ اللّٰهِ هٰذَا نَنْصُرُهُ مَظْلُوْمًا فَكَيْفَ
نَنْصُرُهُ ظَالِمًا قَالَ تَأْخُذُ فَوْقَ يَدَيْهِ۔

(بخاری)

Hadith Nr. 10

Hilf deinem Bruder,
sei er nun der Unterdrücker oder der Unterdrückte
Erzählt von Hazrat Anas
(Allah sei erfreut durch ihn)

»Es sagte der Prophet Allahs (Friede und Segnungen Allahs seien mit ihm): ›Hilf deinem Bruder, sei er der Unterdrücker oder Unterdrückte.‹ Die Begleiter sagten: ›Oh Prophet Allahs, wir verstehen, daß wir ihm helfen sollen, wenn er die unterdrückte Person ist, aber wie sollen wir ihm helfen, wenn er der Unrechttuende ist?‹ Er sagte: ›Halte seine Hand fest.‹«

Erklärende Bemerkung: Dieses wundervolle Hadith ist ein Kompendium der Philosophie der Bruderschaft und der Philosophie der Ethik. Die Philosophie der Bruderschaft fordert, daß einem Bruder geholfen werden soll, sei er nun der Unterdrücker oder der Unterdrückte; Brüderlichkeit ist nicht ein Wert, der unter gewissen Umständen ignoriert oder übergangen werden kann. Jemand, der unser Bruder ist, ist immer unserer Hilfe bedürftig. Selbst wenn er die schuldige oder unrechttuende Person ist, beeinflußt das nicht sein Recht, Hilfe zu erhalten. Dahingegen fordert die Philosophie der Moral, daß, ob wir uns nun mit einem Bruder oder einem Fremden befassen, es in jedem Fall unsere Pflicht ist, diese Welt von allem Unrecht und Laster zu säubern und für Tugend und Recht zu kämpfen. Wenn jemand zufällig ein Fremder ist, heißt das nicht, daß es uns freisteht, ihm auch Unrecht zu tun, und wenn jemand unser Bruder ist, bedeutet das nicht, daß wir deshalb seinem Unrecht Vorschub leisten und ihm hörig sein sollen.

Oberflächlich erscheinen die zwei Forderungen wie ohne Harmonie und nicht miteinander in Einklang zu bringen. Wenn einem unrechten Bruder nicht geholfen wird, zerbrechen die Bande der Bruderschaft. Und wenn einem solchen Bruder geholfen wird, bedeutet das Recht nichts mehr. Aber unser Meister (möge mein Leben seinem Dienst geweiht sein) verbindet diese beiden parallelen Kanäle, welche nicht miteinander vereinbar scheinen; er koppelt diese beiden mit Hilfe eines verbindenden Kanals, so daß sie jetzt wie ein gemeinsamer Strom dahinfließen. Er bemerkte in der Tat, daß Bruderschaft solch eine heilige Beziehung ist, daß es keine Entzweiung gibt, unter gar keinen Umständen; ob nun ein Bruder gut oder schlecht ist, Unterdrücker oder der Unterdrückte, er bleibt immer ein Bruder und es gibt keine Unterbrechung in der Brüderlichkeit. Aber der Gott des Islams duldet kein Unrecht und schreibt Gerechtigkeit selbst Feinden gegenüber vor. Deshalb müssen die zwei Postulate so vereinbart werden, daß dem Bruder auf jeden Fall Hilfe ist; aber wenn der Bruder ein Unterdrücker ist, muß die Form der Hilfe eine andere sein. Wenn er die unterdrückte Person ist, stehe ihm bei gegen das Unrecht; aber ist er der Unrechttuende, dann packe ihn, halte ihn fest und presse seine tyrannische Hand und sage: »Bruder, ich halte unter allen Umständen zu dir, aber der Islam verbietet Unrecht und deshalb gestatte ich nicht, daß deine Hand Unrecht tut.« Dies ist das geheiligte Prinzip, daß der Heilige Prophet (Friede Allahs sei mit ihm und Seine Segnungen) in diesem Hadith niedergelegt hat.

Daraus, wie manche tun, die Auslegung zu ziehen, daß der Heilige Prophet darin eine besondere Sprache spreche, nur mit der Absicht von Nachdruck, und daß sein Kern fordert, wenn dein Bruder der unterdrückte Teil ist, du ihm helfen sollst, aber wenn er die Unrechttuende ist, dann erhebe dich gegen ihn, ist nicht nur falsch, sondern sogar eine Umdichtung der weisen Worte dieses Hadith. Wenn das das Ziel des Heiligen Propheten (Friede und Segnungen Allahs seien mit ihm) gewesen wäre, hätte er sehr gut eine Auflehnung gegen das Unrecht vorschreiben können, ob nun der Täter ein Feind oder ein Bruder war. Aber er sagte nicht so. Im Gegenteil in diesem Befehl hat er in den folgenden Worten eine feine und ungewöhnliche Aufforderung aus zwei scheinbaren Widersprüchen formuliert:

1. Ein Bruder hat in jedem Fall Anspruch auf Hilfe.
2. Unrecht muß auf jeden Fall Widerstand entgegengebracht werden.
3. Ist der Bruder die unterdrückte Person, hilf ihm und wenn er der Unrechttuende ist, dann ändere die Form der Hilfe, indem du die aggressive Hand festhältst, so daß Brüderlichkeit aufrecht erhalten und Unrecht doch verhindert ist.

Dies ist die kombinierte Theorie, die vor 14 Jahrhunderten der Prophet Allahs (Friede Allahs sei mit ihm und Seine Segnungen) aus der Wüste Arabiens für die Welt aufstellte.

Aber, bis heute ist noch keine der fortschrittlichen Nationen Europas oder Amerikas zu dieser ethischen Höhe gelangt. Wenn sie einen Bund der Brüderschaft mit irgendeiner Nation machen, um die Verpflichtungen der Brüderschaft zu ehren, öffnen sie weit die Tore von schrankenloser Tyrannei und wenn, ihrer Vorstellung folgend, sie sich bemühen, Unrecht zu verhüten, zerren sie die Verträge der Brüderschaft auseinander.

(١١)

عَنِ ابْنِ عُمَرَ قَالَ سَمِعْتُ رَسُوْلَ اللهِ صَلَّى اللهُ عَلَيْهِ وَسَلَّمَ يَقُوْلُ عَلَى الْمَرْءِ الْمُسْلِمِ اَلسَّمْعُ وَالطَّاعَةُ فِيْمَا اَحَبَّ وَكَرِهَ إِلَّا اَنْ يُّؤْمَرَ بِمَعْصِيَةٍ فَإِنْ اُمِرَ بِمَعْصِيَةٍ فَلَا سَمْعَ وَلَا طَاعَةَ. (بخاری)

Hadis Nr. 11

Die hohe Vorstellung vom Gehorsam im Islam

Erzählt von Ibn Omar
(Allah sei erfreut durch ihn)

»Ich hörte den Propheten Allahs (Friede und Segnungen Allahs seien mit ihm) sagen: ›Es ist bindend für eine Muslim, einer Anordnung, die von einem Vorgesetzten ausgegeben ist, zu gehorchen und sie auszuführen, ob er es nun gern tue oder nicht, es sei denn, sie enthält die Verletzung eines der Gebote Gottes oder Seines Propheten oder eines höheren Vorgesetzten.‹« (Bukhari).

Erklärende Bemerkung: Dieses Hadith legt die grundlegenden Prinzipien und islamischen Kennzeichen des Gehorsams nieder. Islam ist eine Religion von großer Disziplin und

Ordnung. Er glaubt nicht, jemanden gegen seinen Willen in seinen Kreis zu ziehen und sagt offen »es gibt keinen Zwang in der Glaubensangelegenheit.« Aber wenn ein Mensch mit seinem freien Willen und offenen Herzen Islam angenommen hat, erwartet er von ihm genaue Befolgung seiner Disziplin und Ordnung, wie bei organisierten Menschen. Er wünscht, daß jeder Glaubensbruder ein Vorbild von Gehorsam sei. Er erlaubt keine Kritik an den Anordnungen der Vorgesetzten, noch erlaubt er selektiven Gehorsam solchen Anordnungen gegenüber, d.h. ihnen zu folgen, wenn es einem gefällt oder sie nicht zu beachten, wenn sie einem nicht gefallen. »Höre und gehorche« ist das unumstößliche Gebot des Islams. Es ist nur eine Ausnahme erlaubt in dieser Forderung des Gehorsams für die Muslime, das ist, wenn jemand aufgefordert ist, etwas zu tun, was offenkundig eine Übertretung der Gebote Gottes und Seines Propheten oder einer höheren Autorität ist; das soll nicht befolgt werden; jeder anderen Aufforderung, welcher Natur sie auch sei und unter welchen Umständen sie auch gegeben sei, muß gehorcht werden.

Die Ergänzung des Wortes »Höre« mit dem Wort »Gehorche« weist auf die klarere Bedeutung hin, daß eine negative Art des Gehorsams nicht die Sache der Verpflichtungen eines Muslim ist und es ihm nicht vorgeschrieben ist, mit einem unfruchtbaren Gehorsam einem Befehl gegenüber zufrieden zu sein. Tatsächlich ist er aufgefordert, ein Beispiel zu sein, entsprechend eines lebendigen und positiven Typs von Gehorsam. Mit anderen Worten, er soll ganz Ohr sein den Anordnungen seines Vorgesetzten, daß, sobald er die Aufforderung hört, er sie sogleich ausführen kann. Wenn einfacher Gehorsam zur Rede stände, hätte das Wort »gehorche« genügt und dem Zweck gedient, ohne den Zusatz des Wortes ist genau zu dem Zweck: unfruchtbaren und formalen Gehorsam durch begeisterte und positive Einwilligung zu ersetzen. Der Kern der islamischen Code des Gehorsms ist deshalb:

1. Gehorsam einer jeden Anordnung eines Vorgesetzten gegenüber, ob man mag oder nicht.
2. Dem Vorgesetzten zuhören mit ergebener Aufmerksamkeit, damit einem nichts von seinen Anweisungen entgeht.
3. Sollte jedoch der Vorgesetzte einen auffordern, etwas zu tun, das den Geboten Gottes und Seines Propheten oder einem höheren Vorgesetzten widerspricht, dann soll man ihm nicht gehorchen – als einziger Ausnahme.

(١٢)

عَنْ طَارِقِ بْنِ شِهَابٍ اَنَّ رَجُلًا سَأَلَ النَّبِيَّ
صَلَّى اللّٰهُ عَلَيْهِ وَسَلَّمَ وَقَدْ وَضَعَ رِجْلَهٗ
فِي الْغَرْزِ اَيُّ الْجِهَادِ اَفْضَلُ قَالَ كَلِمَةُ
حَقٍّ عِنْدَ سُلْطَانٍ جَابِرٍ (نسائی)

Hadith Nr. 12

Ein wahres Wort zu dem schlechten Herrscher ist die beste Form von Jihad

Erzählt von Hazrat Tariq bin Shahab (Allah sei erfreut durch ihn)

»Während der Prophet Allahs (Friede und Segnungen Allahs seien mit ihm) gerade eine Reise fortsetzen wollte und seinen Fuß in den Steigbügel setzte, erkundigte sich jemand bei ihm, welche Form von Jihad die beste sei; er sagte: ›Ein wahres Wort an den Regierenden, der Unrecht tut.‹«

Erklärende Bemerkung: Wenn, auf der einen Seite, den Muslimen vorgeschrieben ist, Muster an Gehorsam den Anordnungen ihrer Regierenden gegenüber zu sein und ihren

Herrschern und deren Geboten mit Aufmerksamkeit zuzuhören und sie mit ganzer Anteilnahme auszuführen, sind sie auf der anderen Seite aufgefordert, den Mut zu haben, den Regierenden zu beraten und seine Methoden zu bessern, wenn er auf falschem Wege ist und zum Unterdrücker wird und ihnen so zu helfen, Recht und Billigkeit im Land einzuführen. Da es außergewöhnlichen Mut erfordert, einen Regierenden, der Unrecht tut und unterdrückt, zurechtzuweisen, ja, da es manchmal sogar gefährlich sein kann, hat der Heilige Prophet (Friede und Segnungen Allah's seien mit ihm) es als die höchste Form von Jihad bezeichnet.

Die Wahrheit ist, daß Islam ein so wunderbares Gleichgewicht in den Beziehungen des Regiereneden und des Königs einerseits und dem Untertanen andererseits hergestellt hat, daß es unmöglich ist, seine Lehren zu verbessern. Das erste und oberste Gebot des Islams ist, daß ohne Rücksicht auf Stand oder Glaubensbekenntnis, alle öffentlichen Stellen, vom Staatsoberhaupt bis hinunter zum niedrigsten Grad, auf der Basis von Verdienst zugewiesen werden sollen. Der Heilige Qur-ân sagt in diesem Zusammenhang: *›Alle öffentlichen Ämter sind öffentliches Pfand und Allah gebietet, daß sie den Verdienstvollen und Geeigneten anvertraut werden sollen und die Beamten sollen mit Recht und Billigkeit verwalten.‹*

Zweitens ordnet der Islam an, daß die Menschen ihren Vorgesetzten mit ganzem Herzen gehorsam sein sollen, ihre Anordnungen mit Aufmerksamkeit anhören und sie mit Begeisterung ausführen sollen.

Drittens legt der Islam dar, daß, falls ein Herrscher den Weg des Rechts verläßt, seine Untergebenen versuchen sollen, ihn zurückzuhalten, durch guten Rat zur rechten Zeit, denn solch Ratgeben im Interesse des allgemeinen Friedens ist auf keinen Fall weniger schätzenswert als die höchste Form von Jihad. Aber, da manche Untergebene geneigt sind, einen falschen Schritt zu tun in dieser Beziehung, sei es durch

Rücksicht auf personelles Ansehen oder in der Eile, durch ungeeignetes Gefühl für Rivalität oder aus personeller Beschwerde – verbietet Islam deshalb (wie im Falle Pharao, Gott der Höchste Moses (Friede Allahs sei mit ihm) befahl, den Pharao in höflicher Form anzusprechen) unehrerbietige Haltung oder widersetzliche Sprache oder aufrührerisches Verhalten. Im Gegenteil, wie in einem anderen Hadis erklärt ist, erscheint es besser, ruhig zu sein, selbst vor Tyrannen, so daß der Frieden des Landes und seine Einigkeit nicht in Gefahr kommen, und das ist der einzige Mittelweg, auf denen die Grundlagen des richtigen Friedens mit Sicherheit gelegt werden können.

Es ist jedoch eine tiefbedauerliche Tatsache, daß in diesen Tagen, anstatt den Vorgesetzten guten Rat zu geben und sie auf den Weg von Recht und Billigkeit zu lenken, nur ein paar Menschen sie verderben, mit falscher Schmeichelei und durch den weit schmutzigeren Weg der Bestechung und unverdiente Empfehlung, und so dazu beitragen, ihr Gefühl für Recht zu zerstören. Der Heilige Prophet (Friede und Segnungen Allahs seien mit ihm) hat beide verflucht, den, der Bestechung gibt und den, der sie annimmt, und ein anderes Hadith bemerkt: »Beide, derjenige, der Bestechung gibt und derjenige, der sie nimmt, sind reif fürs Feuer.« Mögen die islamischen Länder frei werden von diesem Fluch!

(۱۳)

عَنْ عَبْدِ اللّٰهِ بْنِ عَمْرٍو عَنِ النَّبِيِّ صَلَّى اللّٰهُ
عَلَيْهِ وَسَلَّمَ قَالَ مَنْ لَّمْ يَرْحَمْ صَغِيْرَنَا وَلَمْ
يَعْرِفْ حَقَّ كَبِيْرِنَا فَلَيْسَ مِنَّا (ابوداؤد)

Hadith Nr. 13

Habe Mitempfinden mit jungen Menschen und erkenne die Rechte der Älteren an

Erzählt von Hazrat Abdullah Ibne Omar (Allah sei erfreut durch ihn)

»Der Prophet Allahs (Friede und Segnungen Allahs seien mit ihm) sagte: ›Jemand, der kein Mitempfinden mit jungen Menschen hat und die Rechte der Älteren nicht anerkennt, gehört nicht zu uns.‹« (Abu Dau'd).

Erklärende Bemerkung: In diesem Hadith ist ein feines Gesetz, das sich mit der Bedeutung der gegenseitigen Beziehungen befaßt, niedergelegt. Viel Streit und viel Groll kommen in der Welt auf, weil die Älteren den Jüngeren kein Verständnis und keine Rücksicht entgegenbringen und die

Jüngeren vergessen, die Älteren mit Respekt zu behandeln, wie es ihre Pflicht ist, und so setzt eine widerwärtige, manchmal unüberbrückbare Reaktion von Gruppenkampf ein. Der Islam hat auf der einen Seite die Gleichheit der Ansprüche aller in der Übertragung von öffentlichen Ämtern und Zuteilung in den Mitteln, Wohlstand zu erlangen, anerkannt. Andererseits verbindet die Brücke von Mitempfinden und Rücksichtnahme in gebührendem Respekt alle zu einer festen Gemeinschaft. Diejenigen, die eine Gelegenheit haben, sich anderen gegenüber im Lebenskampf auszuzeichnen, müssen ihre weniger glücklichen Brüder fördern, mit Mitgefühl und Zuneigung, so lange wie diese es nötig haben. So wie von denjenigen, die zurückbleiben, gefordert wird, denen, die vorangekommen sind, gebührenden Respekt entgegenzubringen, so lange wie diese in solcher Position verharren. Durch dieses wunderbare Gebot hat unser Prophet (Friede und Segnungen Allahs seien mit ihm) die unnötigen und unziemlichen Spannungen zwischen den verschiedenen Schichten der Gesellschaft an den Wurzeln beseitigt. Aber es ist eine bedauerliche Tatsache, daß nur wenige diesem Gebot Beachtung schenken und wenn jemand aus dem einen oder anderen Grund Macht bekommt, er seinen Kopf verliert und es liebt, die, die unter ihm sind, zu unterdrücken. Und wenn jemand im Wettkampf um die Existenz zurückbleibt, ist er eifersüchtig auf diejenigen, die ihn überflügelt haben, und er ist immer bedacht, ihre Macht zu zerstören und sie von ihrer Position herunterzuziehen. Diese beiden Typen haben sich weit entfernt vom Weg des Islams.

Der Islam selbst schafft keine Klassen. Aber er verschließt auch nicht die Augen vor den Tatsachen und nimmt nötige Notiz von den vorkommenden Rangunterschieden, die als ein natürliches Phänomen durch Unterschiede auf geistiger Ebene oder durch den Standard persönlicher Aktivität auftreten. Diese Unterschiede lassen sich jedoch in gleichartige und natürliche auflösen und nehmen rechtes Maß an und stellen ihre unerfreulichen Konsequenzen ab. Der gesegnete Ausspruch des Heiligen Propheten (Friede und Segnungen Allahs seien mit ihm) ist ein Teil dieser Maßregeln. Gleichzeitig betont der Islam den flüchtigen Charakter dieser Unterschiede, indem er feststellt, daß eine Klasse Menschen, die heute zufällig in niederem Rang ist, sehr gut morgen hochgehoben sein kann. Der Heilige Qur-ân sagt in diesem Zusammenhang: »Es ist nicht recht für eine Gesellschaftsschicht, auf eine andere herabzusehen. Denn durch Zufall kann diese in bessere Verhältnisse kommen als jene.«

Es muß betont werden, daß der Ausdruck »Jüngere« und »Ältere« in diesem Hadith an alle gerichtet ist, ob sie nun Junioren oder Senioren in bezug auf Alter, Verwandtschaft, Wohlstand, Position, Ansehen oder Einfluß sind. In welchem Verhältnis der Unterschied auch bestehe, jeder Ältere ist verpflichtet, den Junior mit Mitgefühl und Verständnis zu behandeln, und jedem Jüngeren ist geboten, seinem Senior gebührenden Respekt und Fürsorge entgegenzubringen. Und wer sich nicht in dieser Weise verhält, von dem sagt unser Prophet (die Segnungen Allahs seien mit ihm und Sein Friede), daß er nicht zu uns gehört.

(١٤)

عَنْ اَبِیْ بَکْرَةَ قَالَ قَالَ رَسُوْلُ اللّٰهِ صَلَّی اللّٰهُ
عَلَیْهِ وَسَلَّمَ اَلَا اُنَبِّئُکُمْ بِاَکْبَرِ الْکَبَائِرِ ثَلَاثًا
قَالُوْا بَلٰی یَا رَسُوْلَ اللّٰهِ قَالَ اَلْاِشْرَاکُ بِاللّٰهِ
وَعُقُوْقُ الْوَالِدَیْنِ وَجَلَسَ وَکَانَ مُتَّکِئًا فَقَالَ
اَلَا وَقَوْلُ الزُّوْرِ فَمَا زَالَ یُکَرِّرُهَا حَتّٰی قُلْنَا
لَیْتَهٗ سَکَتَ ۔ (بخاری)

Hadith Nr. 14

**Gott Partner beigesellen,
Ungehorsam gegen die Eltern und Lügen
sind die größten Sünden**

*Erzählt von Hazrat Abu Bakr Siddiq
(Allah sei erfreut durch ihn)*

»Es sagte der Prophet Allahs (Friede Allahs und Seine Segnungen seien mit ihm): ›Soll ich euch die drei größten Sünden nennen?‹ Wir sagten: ›Oh ja, Prophet Allahs.‹ Er sagte: ›Hört! Die größte Sünde ist, irgend etwas Gott gleichzusetzen; sodann Ungehorsam den Eltern gegenüber und Vernachlässigung der Pflichten ihnen gegenüber‹ und, indem er sich von dem Kissen erhob, gegen das er sich gelegt hatte und sich sehr verärgert aufsetzte, sagte er mit großem Nachdruck:

›Hört – und lügen!‹ – und er wiederholte dies so oft, daß wir wünschten, er würde es bald genug sein lassen und sich nicht so anstrengen.« (Bukhari)

Erklärende Bemerkung: In dieser machtvollen Hadith hat der Heilige Prophet (Friede Allahs sei mit ihm und Seine Segnungen), indem er die Kardinalsünden aufzählt, die drei Aspekte, die in geistiger und moralischer Ethik grundlegend sind, herausgestellt. Diese drei Aspekte sind (1) Rechte Allahs, (2) Rechte Seiner Diener und (3) innere Disziplin der Seele.

Die größte Sünde ist Schirk, d.h. Gott, unserem Schöpfer, unserem Führer, einen Partner oder Seinesgleichen beizugesellen, welcher weder unser Schöpfer noch unser Meister ist. Schirk ist also eine Kombination von beidem: Verrat und Rebellion. In Wahrheit ist es ein extremer Akt von Verrat, solche Wesen zu verehren, die nichts mit unserer Existenz und unserem Fortleben zu tun haben, und sie dem Einen Wesen, Das uns schuf und Sich kümmert um alle Bedürfnisse für unseren Fortschritt in der diesseitigen und jenseitigen Welt gegenüberzustellen. Es ist sogar der verbrecherischste Fall von Verrat, sich gegen die Ergebenheit revoltierend, von der Herrschaft des Treuen Meisters und Treuen Herrschers abzuwenden und sich zu beugen vor solchen Wesen, die keine persönliche Macht über uns haben. Es ist jedoch schmerzlich, zu bemerken, daß unsere Zeitgenossen, die fortschrittlichen Nationen, trotz ihrer großen kulturellen Fortschritte, nicht frei sind vom Schmutz des Schirk. So zum Beispiel die christlichen Nationen, die Jesus (der keine Eigenschaft besitzt, die nicht auch andere Propheten besaßen) als Gott behandeln und so in dem Sumpf des Schirk gefangen sind. Die Götter des Hindu-Pantheon sind *Legion* und gut bekannt.

Die zweite große Sünde, dieses Hadith zufolge, ist *aququ validain.* Aquq bedeutet in der arabischen Sprache abschneiden und im übertragenen Sinn bezeichnet es Ungehorsam gegenüber den Eltern, nicht den gebührenden Respekt ihnen gegenüber aufbringen und sie nicht mit Zärtlichkeit des Herzens behandeln und Vernachlässigung der Fürsorge. Gehorsam den Eltern gegenüber und ehrerbietiger Dienst für sie sind Verpflichtungen, die zu den Rechten der Diener Gottes gehören und in der Ordnung der Prioritäten erhält es wahrscheinlich den ersten Platz an Heiligkeit; so sagt der Heilige Prophet (Friede Allahs sei mit ihm und Seine Segnungen) in einem anderen Hadith: »Die Freude Allahs ist in der Freude der Eltern und Sein Mißvergnügen in ihrem Mißvergnügen.« Er (Segnungen Allahs seien mit ihm und Sein Friede) sagt in einem weiteren Hadith: »Derjenige, der seine Eltern im hohen Alter weiß und sich nicht die Pforten des Paradieses öffnet durch den Dienst an ihnen, ist der unglücklichste Mensch.« Sein eigenes Beispiel in dieser Beziehung ist durch eine Begebenheit erhellt. Er gab Geschenke, als seine Pflegemutter nach ihm rief, ihn zu sehen (seine eigene Mutter starb, als er noch Kind war), er machte sich sofort auf den Weg, sie zu sehen und rief: »Oh Mutter, Mutter.« Er breitete seinen Umhang mit großer Bewegung und Ehrerbietung über sie und sorgte, daß sie bequem und gemütlich saß.

Kurz: Islam legt großen Wert auf Gehorsam und Sorge gegenüber den Eltern. Der Heilige Qur-ân sagt mit Nachdruck: »Beuge deine Knie mit zärtlichem Gefühl und mit Respekt vor deinen Eltern und bete für sie zu Gott: Oh Mein Gott, habe Mitleid mit meinen hochbetagten Eltern, denn sie zogen mich liebevoll auf als ich Kind war.«

Die dritte große Sünde, die in diesem Hadith berührt wird, ist Lügen. Der islamische Standpunkt in dieses Hadith ist klar, denn als der Heilige Prophet (Friede und Segnungen Allahs seien mit ihm) es sagte, setzte er sich voll Erregung aufrecht und wiederholte die Worte: »und verhüte Lügen« viele Male. Es ist wahr, daß nach Schirk (Gott Partner oder Seinesgleichen zugesellen) und Ungehorsam den Eltern gegenüber Lügen die nächstgrößte Sünde ist. Und wenn die anderen beiden der Samen sind, aus dem der Baum der Sünde erwächst, ist Lügen das berieselnde Wasser, durch das der Baum wächst und blüht. Lügen ist es, das die Sünde fördert und einem den Mantel leiht, im Laster fortzufahren, denn Lügen ist dargeboten als ein Schirm, Sünde und Laster zu bedecken, doch gesichert dahinter, wächst und gedeiht sie prächtig. Deshalb ist Lügen selbst nicht die Sünde, sondern die schlechteste Hilfe, andere Übel zu stärken. Deshalb hat der Heilige Prophet (Friede Allahs und Seine Segnungen seien mit ihm) es direkt neben Schirk und Ungehorsam den Eltern gegenüber gestellt. In einer anderem Hadith ist berichtet, daß einst ein Muslim den Heiligen Propheten (Friede und Segnungen Allahs seien mit ihm) aufsuchte, ihn über die Sünden zu befragen, die er zuerst aufgeben sollte, denn er entschuldigte sich, daß er sehr weich sei und so sehr in Sünden versunken sei, daß es zuviel Kraft koste, sie alle auf einmal abzulegen. Er (Segnungen Allahs und Sein Friede seien mit ihm) wies ihn an, zuerst das Lügen aufzugeben. Er versprach es zu tun und kehrte nach Hause zurück. Später, als die Versuchung an ihn herantrat, irgendeine andere Sünde zu begehen, dachte er, daß, wenn der Heilige Prophet davon erfahren würde, es für ihn schwer sein würde, dies zu begründen, außer durch Lügen. Auch wenn andere Muslime das erfahren würden, konnte er sich nicht vorstellen, wie er es fertig bringen sollte, es zu erklären. Endlich, nach weiterer Überlegung, hielt er es für das Beste, alle Laster abzulegen, da er versprochen hatte, nur die Wahrheit zu sagen. Als Folge dessen, daß er das Lügen aufgegeben hatte, war er gesegnet mit der Kraft, alle anderen Sünden auch noch abzulegen. Der Heilige Prophet (Friede Allahs sei mit ihm und Seine Segnungen) hat dadurch, daß er Lügen neben Schirk und Mißachtung der Eltern zu einer Kardinalsünde erklärte, eine psychologische Wahrheit als Hilfe für alle Muslime gegeben, die Laster abzulegen.

Es ist wahr, daß Lügen eine der allgemeinsten und niedersten Sünden ist, und es ist die Pflicht jedes anständigen Menschen, unter all den Lastern zuerst die Beseitigung von diesem Übel anzustreben.

Nebenbei sei bemerkt, daß das Gebot, Lügen zu meiden, nicht notwendigerweise bedeutet, daß die Wahrheit unbedingt ausgesagt werden muß, besonders wenn jemand nicht dazu aufgefordert worden ist. Es bedeutet, daß das, was auch immer getan wird, wahrhaftig getan werden soll und auf jeden Fall ohne Verbindung mit Lügen. Es gibt andererseits viele Gründe, besonders im nationalen Interesse, die Verschwiegenheit aufrechtzuerhalten, und Beachtung von Verschwiegenheit steht nicht im Gegensatz zur Wahrhaftigkeit.

(١٥)

عَنْ اَنَسِ بْنِ مَالِكٍ يُحَدِّثُ عَنْ رَسُوْلِ اللّٰهِ
صَلَّى اللّٰهُ عَلَيْهِ وَسَلَّمَ قَالَ اَكْرِمُوْا اَوْلَادَكُمْ
وَاَحْسِنُوْا اَدَبَهُمْ (ابن ماجة)

Hadith Nr. 15

Achtet eure Kinder
und gebt ihnen die beste Erziehung

Erzählt von Hazrat Anas-bin Malik
(Allah sei erfreut durch ihn)

»Es sagte der Prophet Allahs (Friede Allahs sei mit ihm und Seine Segnungen): ›Achtet eure Kinder und entwickelt in ihnen die besten Sitten.‹«

Erklärende Bemerkung: Islam erklärt genau die Rechte der Eltern über die Kinder und umgekehrt. Einerseits betont er Dienst und respektvolles Verhalten den Eltern gegenüber, andererseits fordert er die Eltern auf, ihre Kinder mit rechtem Verständnis und mit Rücksicht zu behandeln und sie so zu lenken, daß sich in ihnen Würde und Selbtachtung entwickeln und ihre Erziehung und Ausbildung im Besonderen so auszurichten, daß, wenn sie heranwachsen, sie mit Schicklichkeit ihren Pflichten gegenüber Gott und Seinen Dienern nachkommen und sie Pioniere des nationalen Fortschritts werden.

Wahrhaftig kann keine Nation sich entwickeln, im Gegenteil, keine Nation kann dem Verfall entgehen, wenn ihre Einwohner ihren Kindern nicht bessere Verhältnisse hinterlassen, als die, die sie vorfanden. Wenn jeder Vater sich bemüht, seine Kinder besser zu stellen als sich selbst, in beidem, in Wissen und in der Praxis, muß die Nation an Stärke ständig zunehmen und wird durch die Gnade Gottes immun bleiben gegen die Gefahr des Zerfalls. Aber es ist traurig: die meisten Eltern achten nicht auf diese goldenen Regeln, mit dem Ergebnis, daß viele Kinder, weit entfernt davon, besser zu sein als ihre Eltern, in Verhältnisse kommen, die man mit dem Eindruck eines toten Kindes, das einem lebenden Menschen geboren wurde, vergleichen kann. Solche Eltern ernähren und kleiden ihre Kinder gut, und im Überfluß kümmern sie sich um ihr weltliches Fortkommen, indem sie sie mit Mitteln wirtschaftlichen Wohlstandes versorgen, aber sie vernachlässigen meist ihre moralische Stärkung, als ob dies etwas Unwichtiges wäre. Jedoch im Gegenteil, die moralische Ausbildung und Disziplin ist unvergleichlich wichtiger als weltliche Erziehung und hat wesentlich mehr Wert und Bedeutung. Ein formell weniger qualifizierter, aber moralisch besser disziplinierter Mensch, ausgezeichnet mit Fleiß, Wahrheitsliebe, Ehrenhaftigkeit, mit selbstlosem und freundlichem Verhalten auftretend, ist weit mehr wert als ein Mensch, der die Eselslast des Wissens trägt, aber absolut der moralischen Qualitäten ermangelt. Im Heiligen Qur-ân weist das Gebot: »Erschlage nicht deine Kinder« auf die Tatsache hin, daß, wenn du die Einschärfung guter moralischer Sitten bei deinen Kindern unterläßt und ihre Ausbildung und gute Erziehung vernachlässigst, du sie in Wirklichkeit selbst tötest.

Der andere Teil dieses Hadih, das sich darauf bezieht, Kinder zu achten, ist von allen religiösen *Coden* das besondere Merkmal des Islams; denn keine andere Religion der Welt hat die Tatsache erkannt, daß ohne ein rechtes Maß an Achtung den Kindern gegenüber hohe moralische Qualitäten unter ihnen nicht wachsen können. Einige törichte Eltern behandeln, obwohl sie ihre Kinder lieben, diese offensichtlich in so einer niederen und gewöhnlichen Art, häufig einen boshaften Ton anwendend, daß ihr Gefühl von Würde und Selbstachtung und Selbstschätzung langsam dahinschwindet. Dieses Gebot unseres Propheten (möge meine Seele seinem Dienst gewidmet sein) ist wert, in goldenen Buchstaben geschrieben zu werden. Es verlangt, daß »Kinder mit Rücksicht behandelt werden sollen«, so daß sie mit Würde, Selbstachtung und hohen moralischen Qualitäten ausgerüstet werden. Möge diese weise Lehre beachtet werden!

(١٦)

عَنْ اَبِیْ هُرَیْرَةَ ؓ اَنَّ رَسُوْلَ اللّٰهِ صَلَّی اللّٰهُ
عَلَیْهِ وَسَلَّمَ قَالَ تُنْكَحُ الْمَرْاَةُ لِاَرْبَعٍ
لِّمَالِهَا وَلِحَسَبِهَا وَلِجَمَالِهَا وَلِدِیْنِهَا فَاظْفَرْ
بِذَاتِ الدِّیْنِ تَرِبَتْ یَدَاكَ (بخاری)

Hadith Nr. 16

Heirate eine Frau wegen ihrer Frömmigkeit
Erzählt von Hazrat Abu Huraira
(Allah sei erfreut durch ihn)

»Es sagte der Prophet Allahs (Friede und Segnungen Allahs seien mit ihm): ›Will ein Mann eine Frau heiraten, sollen bei der Wahl der Gattin die Verhältnisse ihres Besitzes, ihrer Familie und ihrer Schönheit und ihres religiösen Verhaltens berücksichtigt werden – aber du sollst dein Leben glücklich, gedeihlich und erfolgreich machen dadurch, daß du dich für eine Frau auf Grund ihrer Frömmigkeit entscheidest, sonst wirst du immer mit Staub bedeckt bleiben.‹«(Bukhari)

Erklärende Bemerkungen: Der Heilige Prophet (Friede Allahs und Seine Segnungen seien mit ihm) hat in diesem

Hadith, nachdem er die Überlegungen, die die Wahl einer Frau beeinflussen sollen, dargelegt hat, den Muslimen eingeschärft, daß ihre Wahl in erster Linie durch die Frömmigkeit und das moralische Verhalten einer Frau geleitet werden sollen. Und, als Konsequenz dessen, sagt er, wird ihr Familienleben glücklich und voller Wonne sein. Sonst aber werden sie sich nur eines zeitweiligen und oberflächlichen Genusses erfreuen, sie können keine echte und andauernde Seligkeit erlangen. Dieser Ausspruch des Heiligen Propheten (Friede und Segnungen Allahs seien mit ihm) ist voll von tiefem Wissen, denn es ist damit nicht nur ein Weg, die glücklichste Grundlage der Häuslichkeit der Muslime zu schaffen, gelegt, sondern damit auch Vorsorge für das Wohlergehen und die Sicherheit der kommenden Generation geschaffen. Aber, es ist traurig zu sagen, daß, lassen wir andere Nationen aus dem Spiel, gerade die Mehrzahl der Muslime entweder den Aspekt der Frömmigkeit und der Moral bei der Wahl ihrer Frauen völlig außer Acht lassen oder anderen Aspekten als religiösen Gesichtspunkten größere Bedeutung beimessen. Einer entscheidet sich wegen ihrer Schönheit und schließt die Augen vor anderen Aspekten; ein anderer wird gewonnen durch die Macht ihrer Mitgift – währenddessen sind die letztlichen Grundlagen für ein glückliches Heim Frömmigkeit und moralische Qualitäten der Frau. Es gibt unzählige Beispiele, daß Männer Frauen wegen ihrer Schönheit und ihrem anmutigen Blick heirateten, aber die Schönheit mit der Zeit verging – wie alle Schönheit vergeht – oder daß beim Anblick einer schöneren Frau sich der gottlose Mann von ihr abwandte – so kann es passieren, daß, wenn beim täglichen Kontakt mit der Frau der Mann einige unerfreuliche Eigenschaften entdeckt, das glückliche Leben dahinschwindet und das Leben des Mannes zur Hölle wird. Dasselbe trifft auf das gesamte Familienleben zu, wenn die Frau eine Atmosphäre von Herrschsucht und übertriebenes Gefühl für Stolz ihrem

Mann gegenüber hervorkehrt und damit die Wohlfahrt der ganzen Familie beeinträchtigt. Wohlstand ist ein vergängliches Ding. Man besitzt ihn heute und hat ihn morgen verloren. Oftmals wird der Wohlstand der Frau zum Fluch, anstatt zur Quelle von Glück für den Mann. Deshalb ist fürwahr, wie der Heilige Prophet (Friede und Segnungen Allahs seien mit ihm) bemerkt, die unerschütterliche Grundlage für familiäres Glück und Segen in der Frömmigkeit und den guten moralischen Qualitäten der Frau zu suchen. Sehr zu bedauern ist der Mensch, der kurzlebige Tändeleien und vergoldete Dinge soliden Qualitäten vorzieht. Die bleibenden und guten Werte, die eine fromme und gute Frau den Kindern mitgibt, ist eine bleibende Gabe, die kein fühlender Mensch, dem neben seinem körperlichen Wohlergehen auch das Wohlergehen der folgenden Generation am Herzen liegt, übersehen kann. Die erste Fürsorge für die Kinder liegt in den Händen der Mutter, denn im Familienleben ist das Kind ganz natürlich sehr viel mehr an die Mutter gebunden und ist ungezwungener mit ihr und verbringt die meiste Zeit mit ihr, während der Vater, durch seine vielen anderen Verpflichtungen den Kindern nicht viel Beachtung schenken kann. Für die erste Erziehung der Kinder ist also die Mutter hauptverantwortlich. Und ist die Mutter fromm und von hohem Charakter, sind auch die Kinder natürlicherweise wohlgegründet in ihrem moralischen Verhalten. Aber hat im Gegensatz dazu eine Frau weder Frömmigkeit noch Moral, kann sie auch nicht die Kinder erfolgreich mit gutem moralischen und frommen Verhalten erfüllen. Wahrhaftig erkennt so eine Frau gewöhnlich gar nicht den Wert und die Wichtigkeit der Religion und guter Moral.

Dieses Hadith jedoch meint nicht, daß bei der Wahl einer Frau alle anderen Verhältnisse außer Acht gelassen werden sollen. Aber es besagt, daß Frömmigkeit und moralische Vorzüge den Ausschlag geben sollen. Der Heilige Prophet

(Friede Allahs und Seine Segnungen seien mit ihm) hat, bei anderer Gelegenheit, die Aufmerksamkeit auf andere Überlegungen gelenkt, denn sie sind auch bis zu einem gewissen Grad instinktiver Antrieb der menschlichen Natur. So zum Beispiel pflegte der Heilige Prophet (Friede und Segnungen Allahs seien mit ihm) trotz der strikten Anweisung über die Beachtung der Zurückgezogenheit der Frauen in *pardah* anzuraten, daß man einen Blick auf ihre Weiblichkeit haben soll, damit man nach der Heirat nicht unglücklich ist über ihre Gesichtszüge und Blicke. Bei einer anderen Gelegenheit, als eine Frau ihn ansprach, um seinen Rat in ihrer Heiratsangelegenheit zu holen, sagte der Heilige Prophet (Friede Allahs sei mit ihm und Seine Segnungen), daß er ihr nicht raten würde, eine bestimmte Person zu heiraten, da diese arm sei und wenig besitze und nicht in der Lage sein werde, ihren Unterhalt aufzubringen, noch konnte er ihr raten, einen bestimmten anderen zu heiraten, da er sehr wohlhabend sei, aber einen anderen solle sie heiraten, der nach seiner Meinung ihren Verhältnissen entsprechend gestellt sei. Bei anderer Gelegenheit sagte er zu seinen Begleitern, daß die Frauen der Quaraish vorbildlich in bezug auf ihren Respekt ihren Männern gegenüber und in der Liebe zu ihren Kindern seien. Und wieder bei anderer Gelegenheit riet der Heilige Prophet (Friede und Segnungen Allahs seien mit ihm) zur Heirat mit gesunden Frauen, damit er am Tage des Gerichtes glücklich sein kann über seine zahlreiche Nachkommenschaft. Kurz: er legte auch Wert auf andere Aspekte, soweit sie notwendig sind. Aber was er immer wieder nachdrücklich betonte, war, daß die Bevorzugung in jedem Fall den religiösen und moralischen Aspekten gegeben werden solle, sonst ist man dazu verurteilt, seine Hände immer mit Staub bedeckt zu haben und hat es selbst verschuldet. Dies ist die goldene Lehre, deren Beachtung die Häuser der Muslime in Wiegen von Wonne und Glückseligkeit verwandeln kann. Mögen sie sie verstehen!

(١٧)

عَنْ جَابِرٍ قَالَ قَالَ رَسُوْلُ اللّٰهِ صَلَّى اللّٰهُ
عَلَيْهِ وَسَلَّمَ خَيْرُكُمْ خَيْرُكُمْ لِأَهْلِهِ وَأَنَا
خَيْرُكُمْ لِأَهْلِي (ترمذی)

Hadith Nr. 17

Der Beste unter euch ist, wer seine Frau am besten behandelt

Erzählt von Hazrat Jabir (Allah sei erfreut durch ihn)

»Es sagte der Prophet Allahs (Friede und Segnungen Allahs seien mit ihm), ›Der Beste unter euch ist derjenige, der seine Frau am besten behandelt, und ich bin ein Vorbild in der Behandlung meiner Familie.‹« (Tirmizi)

Erklärende Bemerkung: Die nachdrückliche Forderung nach freundlicher Behandlung der Frau, wie sie in diesem Hadith erklärt wird, ist klar und deutlich. Der Heilige Prophet (Friede Allahs sei mit ihm und Seine Segnungen), legte der freundlichen Behandlung der Frau durch ihren Ehemann große Bedetung bei und stellt in diesem Zusamenhang fest, daß nach dem Glauben an Gott und Seinen Propheten und Seine Worte das Verhalten eines Mannes hinsichtlich der Behandlung von Gottes Dienern Gegenstand göttlicher Kritik im Lichte der Rechte Seiner Kreaturen sein wird und daß die gute Behandlung seiner Frau einen hohen Platz einnimmt, einen so hohen, daß in den Augen Gottes der Beste der Muslime der ist, welcher seine Frau am besten behandelt. Aber da jeder wahrscheinlich glaubt, daß nach seiner eigenen Wertskala seine Behandlung der Frau das Ideal ist, und um diesen vermeintlichen Irrtum zu beseitigen, sagte der Heilige Prophet (Friede Allahs und Seine Segnungen seien mit ihm), daß der Standard guter Behandlung nicht den willkürlichen Gewohnheiten Einzelner folgt, sondern sein Maß durch sein (des Heiligen Propheten) eignes Vorbild erhält, denn durch die Gnade Gottes war seine Behandlung der Frauen das wahre Ideal.

Durch die obige Bemerkung hat der Heilige Prophet (Friede Allahs sei mit ihm und Seine Segnungen) den Standard der Rechte der verheirateten Muslim-Frauen so hoch erhoben, daß, mit der Ausnahme vorübergehender Unannehmlichkeiten, die bisweilen selbst in den besten Familien vorkommen, ein Leben mit Qualen nicht das Schicksal einer guten Frau im Hause eines guten Muslim sein kann. Wenn eine Frau Geborgenheit in den Händen ihres Mannes erhält, wird sie bereit sein, alle Arten von Not tapfer an seiner Seite mit durchzustehen, denn für sie gibt es kein anderes Glück auf dieser Welt. Wenn jedoch ein Mann seine Frau nicht mit Freundlichkeit behandelt, sind für sie sein Wohlstand, seine Ehre und auch seine Gesundheit verwünscht. Denn diese Gaben haben nur im Zusammenhang mit ehelichem Glück und mit Liebe einen Wert. Es besteht nicht der leiseste Zweifel daran, daß diese gesegnete Äußerung des Heiligen Propheten (Friede Allahs sei mit ihm und Seine Segnungen) dazu beiträgt, innerhalb der vier Wände des Heimes das Paradies zu schaffen, vorausgesetzt, daß ihrerseits die Frau in Übereinstimmung mit ihrem Mann lebt und seiner Liebe würdig ist. Die Übereinstimmung zwischen Mann und Frau strahlt auch auf die Kinder aus, und das harmonische Glück der Gegenwart wird so zum Vorboten eines dauernden Segens.

Dies ist die Lehre, die unser Prophet (Friede und Segnungen Allahs seien mit ihm) vor 1400 Jahren aus der Mitte eines Volkes und seines Landes heraus verkündete, daß zur Ehe zwei Bestimmungen gehören, welche einen Standard setzten, den die heutigen Nationen weder erreichen noch je annähernd erreichen werden. Denn diese zwei Grundsätze des Gebotes über gute Behandlung der Frauen erreichen Höhen, die die Erhabensten in dieser Beziehung sind:

Die zwei Qualifikationen stehen in Einklang mit der Bemerkung unseres Propheten (Friede und Segnungen Allahs seien mit ihm): Der beste unter euch ist derjenige, der am besten zu seiner Frau ist und ich bin der beste meiner Frau gegenüber und sie lauten wie folgt:

1. Gute Behandlung der Frau ist nicht nur obligatorisch für einen Mann, sondern in der Tat in den Augen Gottes ein Maß für die Vorzüglichkeit seiner Stellung und sein Maß als Mann im Zusammenhang mit seinen Pflichten gegenüber den Dienern Gottes. Einer, der gut in der Behandlung seiner Frau sit, ist gut vor Gott.
2. Der Standard für die Beurteilung guten Verhaltens gegenüber seiner Frau ist nicht abhängig von der willkürlichen Ansicht Einzelner, denn Eigenlob ist sehr leicht. Der Standard liegt in diesem Fall im persönlichen Beispiel des Heiligen Propheten (Friede und Segnungen Allahs seien mit ihm) selbst. Nur solches Verhalten wird als gut und freundlich bezeichnet werden können, das mit dem Standard, der durch sein Beispiel gesetzt ist, übereinstimmt und von seiner Größe ist.

(١٨)

عَنْ عَبْدِ اللهِ بْنِ اَبِیْ اَوْفیٰ قَالَ قَالَ رَسُوْلُ اللهِ صَلَّی اللهُ عَلَیْهِ وَسَلَّمَ وَالَّذِیْ نَفْسُ مُحَمَّدٍ بِیَدِهٖ لَا تُؤَدِّیْ الْمَرْأَةُ حَقَّ رَبِّهَا حَتّٰی تُؤَدِّیْ حَقَّ زَوْجِهَا۔ (ابن ماجه)

Hadith Nr. 18

Eine Frau kann nur als fromm bezeichnet werden, wenn sie die Verpflichtungen ihrem Mann gegenüber erfüllt

Erzählt von Hazrat Abdullah bin abi Aufa (Allah sei erfreut durch ihn)

»Es sagte der Prophet Allahs (Friede und Segnungen Allahs seien mit ihm) ›Ich schwöre bei dem Wesen, Das das Leben Muhammads in Seinen Händen hält, daß man von keiner Frau denken soll, sie habe ihre Pflicht Gott gegenüber erfüllt, wenn sie nicht die Pflichten ihrem Mann gegenüber erfüllt hat.‹« (Ibne Majah).

Erklärende Bemerkung: Während einerseits der Heilige Prophet (Friede Allahs sei mit ihm und Seine Segnungen) den

Ehemännern geboten hat, ihre Frauen mit Freundlichkeit zu behandeln, hat er andererseits den Frauen eingeschärft, ihren Verpflichtungen gegenüber ihren Männern nachzukommen. Denn das wahre Glück und die wahre Wonne des Hauses ist abhängig von des Mannes Bemühen um großmütigste Behandlung der Frau und vom vertrauensvollen Respektieren der Rechte des Mannes ihrerseits. Der Heilige Prophet (Friede und Segnungen Allahs seien mit ihm) legte so sehr Wert auf diese heiligen Verpflichtungen der Frau, daß er in einem anderen Hadith bemerkte, daß, wenn der Mann einer Muslim-Frau glücklich durch sie stirbt, sie durch die Gnade Gottes ins Paradies kommen würde. In demselben Hadith bemerkt er weiter, daß wenn Sadjah (eine Form von Verehrung, die darin besteht, daß der Verehrende mit seiner Stirn und seinen Knien den Boden berührt) im Islam vor irgendetwas anderem außer Allah zulässig wäre, er den Frauen geboten hätte, Sadjah von ihren Männern auszuführen.

Der Sinn, der der Bemerkung des Heiligen Propheten (Friede und Segnungen Allahs seien mit ihm) zugrunde liegt, daß eine Frau, die ihre Pflicht gegenüber ihrem Mann nicht tut, ihrer Pflicht Gott gegenüber nicht nachkommt, ist doppelt: erstens sind, trotz der Gradunterschiede, beide Bemerkungen von gleicher Natur. Zum Beispiel hegt der Mann, so wie Gott Seine Kreatur mit sehr großer Liebe liebt, eine besondere Liebe für seine Frau und wie mit all Seiner Liebe Allah der Herrscher und Behüter Seiner Geschöpfe ist, so ist der Mann mit all seiner Liebe für seine Frau der Leiter und Versorger des Hauses und wie Gott der Herr der Fürsorger für Seine Geschöpfe ist und sie mit allen Mitteln für ihren Unterhalt versorgt, ist gleichfalls der Mann verpflichtet, für den Unterhalt seiner Frau zu sorgen. Da sind so viele Aspekte von Übereinstimmung, die die Ähnlichkeit überzeugend machen, daß in unserer Sprache der Mann als der weltliche Gott für die Frau bezeichnet wird.

Die andere Weisheit, die hier zugrunde liegt, ist, daß im Islam die Rechte eines Mannes von Gott bestimmt sind und das Gesetz legt sehr große Betonung auf diese Rechte, so sehr, daß einem Hadith zufolge, Gott die Sünden vergibt, die mit den Verpflichtungen Ihm gegenüber zusammenhängen, Er aber die Sünden nicht vergibt, die mit den Verpflichtungen einem Menschen gegenüber zusammenhängen, solange bis der betreffende Mensch selbst vergeben hat. Es ist im Sinne dieser zwei zugrundeliegenden Tatsachen, daß der Heilige Prophet (Friede sei mit ihm und die Segnungen Allahs) in leidenschaftlicher Sprache, verstärkt durch einen Eid, sagt, daß von keiner Frau gesagt werden kann, sie habe ihre Pflicht Gott gegenüber getan, bis sie nicht die Verpflichtung ihrem Mann gegenüber erfüllt hat.

Mit ihren Verpflichtungen als Frau ist sie, dem Qur-ân und dem Hadith zufolge ihrem Mann schuldig, ihm gehorsam zu sein, ihm gebührenden Respekt entgegenzubringen, ihn zu lieben, an ihn zu glauben, seine Kinder gut aufzuziehen, seinen Besitz zu versorgen und ihm nach ihren besten Kräften zu dienen. Dafür ist der Mann verpflichtet, sie zu lieben und sie mit Fürsorge und auf zärtliche Weise zu behandeln, auf ihr Wohlbefinden zu achten, ihre Gefühle zu respektieren und für ihren Unterhalt nach seinen besten Kräften zu sorgen. Es ist wohl wahr, daß wenn ein Mann und eine Frau gegenseitig ihre Rechte respektieren, ein Muslimhaus ein wahres Paradies werden kann.

(١٩)

عَنْ سَهْلِ بْنِ سَعْدٍ قَالَ قَالَ رَسُوْلُ اللّٰهِ
صَلَّى اللّٰهُ عَلَيْهِ وَسَلَّمَ اَنَا وَكَافِلُ الْيَتِيْمِ
فِي الْجَنَّةِ كَهَاتَيْنِ (ترمذى)

Hadith Nr. 19

Wer ein Waisenkind aufzieht, wird im Paradies in der Nähe des Heiligen Propheten leben

Erzählt von Hazrat Sahi bin Sa'ad (Allah sei erfreut durch ihn)

»Es sagte der Prophet Allahs (Segnungen Allahs seien mit ihm und Sein Friede) ›Ich und derjenige, der sich eines Waisenkindes annahm, werden im Paradies verbunden sein wie zwei Finger‹ und der Prophet Allahs (Friede und Segnungen Allahs seien mit ihm) demonstrierte es, indem er zwei Finger aneinanderlegte.« (Tirmizi).

Erklärende Bemerkung: Die Waisen sind ein sehr wertvoller Besitz einer Gemeinschaft, und der Islam legt sehr großen Nachdruck auf ihre Fürsorge und ihr Aufziehen. Die Worte dieses Hadith übermitteln übereinstimmend damit diesen Nachdruck. Der Heilige Prophet (Friede Allahs sei mit ihm und Seine Segnungen) sagt über den Muslim, der sich eines Waisenkindes annimmt, daß er ihm im Paradies so nahe sein wird, wie zwei Finger einer Hand sich nahe sind. Nach diesem entschiedenen Auftrag, der in sich so außergewöhnliche Belohnung trägt, kann kein treuer Muslim die Pflicht, Waisen aufzuziehen und Sorge für sie zu tragen, vernachlässigen. In der Fürsorge für Waisen ist nur das Betreuen und Versorgen von hilflosen und mittellosen Kindern nicht ausreichend. Eine kleine Überlegung wird zeigen, daß diese Einrichtung den Opfergeist der Mitglieder einer Gemeinschaft anregt, denn wenn das einzelne Mitglied der Gemeinschaft sicher ist, daß im Falle eines plötzlichen Todes seine verwaisten Kinder nicht hilflos, allein und ohne Fürsorge bleiben, sondern im Gegenteil, durch ihre Verwandten oder andere Mitglieder der Gemeinschaft gut für sie gesorgt sein wird, so wird es sicher zuvorderst stehen im mutigen Darbieten jeglichen Opfers. Und dies wird wiederum den Dienst- und Opfergeist unter den Mitgliedern der Gemeinschaft anregen. Die treue Fürsorge für die Waisen ist deshalb nicht nur die Aufgabe, kleine Kinder vor dem geistigen, moralischen und finanziellen Untergang zu retten, sondern auch eine große Bewegung, die ganze Wohlfahrt der Gemeinschaft zu fördern und ihren Opfergeist anzuregen.

Aber, es stimmt tief traurig, daß Muslime unserer heutigen Tage sehr nachlässig in der Beachtung dieser heiligen Pflicht sind. Selbst die nahen Verwandten eignen sich widerrechtlich ihren Besitz an, anstatt sich als Betreuer der Waisen einzusetzen, und werden durch die Vernachlässigung der Kinder schuldig an ihrem erzieherischen und moralischen Tiefstand. In den Waisenhäusern der verschiedensten Gesellschaften sind die Selbstachtung und die Selbstschätzung bei den Waisen so schwer verletzt, daß aus den Waisen am Ende meistens Bettler werden. Es schreit nach einer dringenden Abhilfe. Die fernere und nähere Verwandtschaft, denen die Rolle der Fürsorge für ihre Waisen-Verwandten zusteht, schulden ihnen, für ihre Erziehung und hohe Moral und kulturelle Disziplin angemessen aufzukommen und gute Aufsicht über ihren Besitz zu führen. Die Organisationen, die diese Aufgabe in die Hand nehmen, sollen wie die Eltern dieser Waisen handeln und anstatt sie zu Bettlern werden zu lassen, sollten sie Wege einschlagen, die sie zu selbstbewußten und nützlichen Gliedern der Gemeinschaft werden lassen. Vor allen Dingen aber sollten sie niemals Grund haben, sich im Herzen als hilflose und verlassene Abhängige, von der Milde Anderer Lebende, zu fühlen. Die Waisen ihrerseits haben wenig Grund zu Verzweiflung. Sie sollten immer bedenken, daß der Größte der Menschheit und der Meister der zwei Welten und der Stolz der Propheten (Friede und Segnungen Allahs seien mit ihm) selbst ein Waise war, der seinen Vater verlor, bevor er geboren war, und dessen Mutter diese Welt verließ, als er gerade sieben Jahre alt war. Wenn sie den Weg der Frömmigkeit gehen, wird Gott sie nicht verlassen, und wer kann bessere Fürsorge geben als Gott?

(٢٠)

عَنْ عَائِشَةَ رَضِيَ اللّٰهُ عَنْهَا قَالَتْ قَالَ رَسُوْلُ اللّٰهِ صَلَّى اللّٰهُ عَلَيْهِ وَسَلَّمَ مَا زَالَ جِبْرِيْلُ يُوْصِيْنِيْ بِالْجَارِ حَتّٰى ظَنَنْتُ اَنَّهٗ سَيُوَرِّثُهٗ - (بخاری)

HADITH NR. 20

Gutes Verhältnis zu den Nachbarn
Erzählt von Hazrat Ayesha
(Allah sei erfreut durch sie)

»Es sagte der Prophet Allahs (Friede Allahs sei mit ihm und Seine Segnungen) ›Gabriel empfahl mir so oft gute Behandlung des Nachbarn, daß ich dachte, er würde ihn vielleicht zum Erben und Nachfolger erklären.‹«

Erklärende Bemerkung: Nachbarn sind ein wichtiges Glied der Gemeinschaft. Der Heilige Prophet (Friede Allahs sei mit ihm und Seine Segnungen) hat großen Nachdruck auf großmütige Behandlung der Nachbarn gelegt. Wer seinen Nachbarn nicht gut behandelt, verdient wahrlich nicht, Mensch genannt zu werden. Denn der Mensch ist ein zivilisiertes

Wesen und gute Nachbarschaft ist ein notwendidger Teil der Kultur. Im Interesse eines guten und fruchtbaren Zusamnlebens erhebt der Islam die großmütige Behandlung des Nachbarn zur Maxime und legt auf dieses Gebot so viel Nachdruck, daß der Heilige Prophet (Friede und Segnungen Allahs seien mit ihm) sagte, daß Gabriel ihn an seine Verpflichtungen in diesem Zusammenhang so oft und so nachdrücklich erinnerte, daß er (der Prophet) dachte, er (Gabriel) könnte den Nachbarn zum Erben und Nachfolger erklären. Im Lichte dieses bestimmten Gebotes ist es die Pflicht jedes guten Muslims, seinen Nachbarn mit ungewöhnlichem Mitgefühl und Freundlichkeit zu behandeln, mit ihm Freud und Leid zu teilen und in seiner Abwesenheit nach dem Rechten zu sehen. Im Falle der guten Behandlung der Nachbarn war der Heilige Prophet (Friede und Segnungen Allahs seien mit ihm) so genau, daß er an diese Verpflichtungen gerade bei sehr kleinen Dingen erinnerte, zum Beispiel sagte er in einem anderen Hadith, daß, wenn jemand Fleisch kocht, er lieber mehr Brühe machen soll, damit etwas davon der Nachbar, der in Not ist, bekommen kann. Der wahre Standard des sozialen Verhaltens einer Person ist in seinem Verhalten dem Nachbarn gegenüber abzulesen. Mit Menschen, die weiter weg leben und mit denjenigen, die man nur dann und wann einmal trifft, kann man vorübergehend ein gutes Verhältnis heucheln. Aber Verstellung kann bei Menschen, mit denen man ständig zusammen ist, nicht lange anhalten. Über kurz oder lang kommt das kulturelle Niveau des Menschen schonungslos an die Oberfläche. Die gesegnete Bemerkung des Heiligen Propheten (Friede und Segnungen Allahs seien mit ihm), die in diesem Hadith enthalten ist, ist nicht nur ein nützlicher Weg, indirekt sein eignes soziales Verhalten zu disziplinieren, sondern ist auch eine Ermahnung, seine Nachbarn freundlich zu behandeln. Nur wer moralisch gut ist, kann auch seinen Nachbarn gut behandeln. Denn wenn du deinen Nachbarn gut behandeln willst, muß du zuerst selbst ein besserer Mensch werden. Das falsche Verhalten von gespielter Gutmütigkeit kann diejenigen, die Tag und Nacht mit dir zusammenleben, nicht lange täuschen. In seiner äußersten Anwendung bezieht sich dieses Hadith auch auf Nationen und Nachbarländer und gebietet, so weit wie möglich großmütig zu sein und mit ihnen zusammenzuarbeiten. Denn wie eine Person Diener des moralischen Gesetzes ist, sind es auch die Nationen. Friede in der Welt kann sich nur durchsetzen, wenn die Nationen und Regierungen die Herrschaft der moralischen Gesetze anerkennen.

(٢١)

عَنْ عَبْدِ اللهِ بْنِ اَبِىْ اَوْفٰى قَالَ قَالَ رَسُوْلُ اللهِ
صَلَّى اللهُ عَلَيْهِ وَسَلَّمَ يَا اَيُّهَا النَّاسُ لَا
تَتَمَنَّوْا لِقَاءَ الْعَدُوِّ وَاسْأَلُوا اللهَ الْعَافِيَةَ
وَاِذَا لَقِيْتُمُوْهُمْ فَاصْبِرُوْا وَاعْلَمُوْا اَنَّ
الْجَنَّةَ تَحْتَ ظِلَالِ السُّيُوْفِ (مسلم)

Hadith Nr. 21

Wünsche keinen Krieg, aber wenn es dazu kommt, kämpfe entschlossen

Erzählt von Hazrat Abdullah bin Abi Aufa (Allah sei erfreut durch ihn)

»Es sagte der Prophet Allahs (Friede Allahs sei mit ihm und Seine Segnungen): ›Oh Menschen, wünscht nicht, dem Feind im Kampf zu begegnen und sucht im Namen Allahs Friede und Ruhe. Aber wenn ihr dem Feind in der Schlacht gegenübersteht, dann seid fest und beharrlich im Kampf und denkt daran, daß das Paradies unter dem Schatten der Schwerter liegt.‹« (Muslim).

Erklärende Bemerkungen: Dieses Hadith enthält den Kern der islamischen Lehren über die Behandlung des Feindes und die Philosophie von Jihad in 4 grundlegenden Prinzipien:

1. Wünsche keinen Krieg mit deinem Feind und gebe keinem provokativen kriegerischen Akt nach.
2. Suche im Namen Allahs beständig Frieden und Ruhe.
3. Im Fall, daß der Feind eine kriegerische Tat begeht, die zum Krieg mit ihm führt, kämpfe mit Geduld, Beharrlichkeit und Entschlossenheit.
4. Im Falle eines Zusamenstoßens mit dem Feind sei einer der beiden Trophäen sicher: entweder wirst du ihn besiegen oder aber als Märtyrer Einlaß ins Paradies gewinnen.

Keine Religion der Welt, noch irgendein Land, noch irgendeine Periode der menschlichen Geschichte hat in Bezug auf Kriegsführung eine bessere Grundlage der Moral anzubieten, sei sie nun weltlicher oder religiöser Natur. Nebenbei beweist dieses Hadith, daß im Islam kein Zwang in Glaubensangelegenheiten besteht. Denn wenn gewaltsame Bekehrung erlaubt wäre, hätte der Heilige Prophet (Friede Allahs sei mit ihm und Seine Segnungen) niemals davor gewarnt, Streit mit dem Feind zu suchen. Wer den Kampf liebt, wird Gelegenheit suchen, die anderen anzugreifen, so daß er sie unterjochen und sie so nach seiner eignen Art formen kann. Dahingegen ist dieses Gebot »Suche, nicht mit dem Feind in Kampf zu geraten« das entscheidende Argument des Islam gegen die These, in Sachen des Glaubens Gewalt anzuwenden. Dies ist die Lehre, die der heilige Qur-ân mit den Worten: *»la ikraha fi 'd-dini«* »Es soll kein Zwang im Glauben sein« klar verkündet hat.

Das Verbot für die Muslime, Feindseligkeiten herauszufordern und auf der anderen Seite die Ermahnung, im Kampf beharrlich zu seien, zeigen die subtile Wahrheit, daß während der Islam die Muslime davor warnt, auf keinen Fall der Angreifende zu sein, er gleichzeitig zum Ziel hat, die Herzen der Muslime gegen die Furcht vor dem Tode stark zu machen. Und dies ist der goldene Mittellweg, welcher als Grundlage für den nationalen Fortschritt dient: daß sie auf der einen Seite sich beherrschen können und in keinem Fall und unter gar keinen Umständen zum Angreifenden werden, und zum anderen im Angesicht des Todes tapfer und furchtlos sind, da sie unter dem Schatten des Schwertes das Paradies vor Augen haben.

(٢٢)

عَنْ بُرَيْدَةَ رضي الله عنه قَالَ كَانَ رَسُوْلُ اللهِ صَلَّى اللهُ
عَلَيْهِ وَسَلَّمَ إِذَا أَمَّرَ أَمِيْرًا عَلَى جَيْشٍ أَوْ
سَرِيَّةٍ قَالَ أُغْزُوْا بِسْمِ اللهِ ..... وَلَا
تَغُلُّوْا وَلَا تَغْدِرُوْا وَلَا تُمَثِّلُوْا وَلَا تَقْتُلُوْا
وَلِيْدًا ..... وَلَا امْرَأَةً - (مسلم)

Hadith Nr. 22

Brecht nicht euern Vertrag mit dem Feind und tötet weder Kinder noch Frauen

Erzählt von Harat Buraida (Allah sei erfreut durch ihn)

»Der Prophet Allahs (Friede und Segnungen Allahs seien mit ihm) pflegte, so oft er eine Gruppe verabschiedete, die in den Kampf zog, ihrem Anführer zu raten, indem er sagte: ›gehe auf dem Weg Allahs, in Seinem Namen, sei nicht unehrenhaft, breche nicht den Vertrag mit dem Feind, schände nicht ihre Toten und töte weder seine Kinder so seine Frauen.‹« (Muslim).

Erklärende Bemerkung: Das Verhalten der Begleiter und das der folgenden Generationen von Muslimen in ihren des Heiligen Propheten (Friede und Segnungen Allahs seien mit ihm) gelenkt worden. Der Islam erhebt das Schwert als Antwort auf die von den Ungläubigen ausgeübten Grausamkeiten und ihre aggressiven Taten. Im Verlauf der Auseinandersetzungen verhielten sich jedoch die Muslime ihren ungerechten Feinden gegenüber so nobel, daß man in der Geschichte vergeblich nach einem vergleichbaren Beispiel für die ethische Vorzüglichkeit ihres Verhaltens sucht. Bei den Arabern war Töten von Frauen und Kindern alter Brauch; tatsächlich war es seit der Verkündigung der mosaischen Gesetze in der Welt weit verbreitet. Außerdem war es bei den Arabern üblich, auf barbarische Art und Weise über den toten Feind zu triumphieren, indem ihm Nasen oder andere Körperteile abgeschnitten wurden. Dieser üble Brauch war als Musla bekannt. Der Heilige Prophet (Friede und Segnungen Allahs seien mit ihm) verbot wirkungsvoll all diese Unmenschlichkeiten und führte stattdessen die anständige Behandlung des Feindes ein, und indem er Unehrenhaftigkeit, Verrat und Vertragsbruch zu absolut ungesetzlichen Akten erklärte, legte er in der Welt die Grundlagen für einen stolzen Kodex sozialen Verhaltens.

Außerdem wissen wir aus den Ahadith, daß der Heilige Prophet (Friede und Segnungen Allahs seien mit ihm) gebot, die Alten des kriegsführenden Feindes und solche, die sich dem religiösen Dienst widmeten, unabhängig von ihrer Religion oder Rasse, unbehelligt zu lassen und verbot, wie der Heilige Qur-ân in der Sure Muhammad sagt, das Schlagen von Kriegsgefangenen; im Gegenteil, es wurde befohlen, daß sie entweder als Zeichen von Großzügigkeit oder nach dem Zahlen von Lösegeld freigelassen werden sollten, auf keinen Fall sollte nach der Beendigung der Feindseligkeiten die Zeit ihrer Gefangenschaft verlängert werden. Während der Zeit ihrer Gefangenschaft war der Islam so nachdrücklich bedacht auf schonende Behamdlung der Gefangenen, daß die nichtmuslimischen Kriegsgefangenen bestätigten, daß die Muslime sie mit guter Verpflegung versorgten, während sie selbst sich mit einfachen Speisen begnügten und sie auf Kamelen reiten ließen, während sie selbst zu Fuß gingen. Hat irgendein Volk zu irgendeiner Zeit der Weltgeschichte den kriegführenden Feind besser behandelt! So weit es recht war und gerechte Behandlung des Feindes gefordert ist, bestimmt der Heilige Qur-ân in diesem Zusammenhang:

»Unter keinen Umständen soll die Feindschaft eines Volkes euch von der Anwendung von Recht und gerechter Behandlung abhalten. Seid in jedem Fall dem Feind gegenüber gerecht, denn das ist die Forderung der Rechtschaffenheit.« Es ist bedauerlich, daß die Welt diese glorreiche Lehre nicht genügend geschätzt hat.

(٢٣)

عَنْ اَبِيْ هُرَيْرَةَ عَنِ النَّبِيِّ صَلَّى اللهُ عَلَيْهِ
وَسَلَّمَ قَالَ اجْتَنِبُوا السَّبْعَ الْمُوْبِقَاتِ قَالُوْا
يَا رَسُوْلَ اللهِ وَمَا هُنَّ قَالَ الشِّرْكُ بِاللهِ
وَالسِّحْرُ وَقَتْلُ النَّفْسِ الَّتِيْ حَرَّمَ اللهُ اِلَّا
بِالْحَقِّ وَاَكْلُ الرِّبَا وَاَكْلُ مَالِ الْيَتِيْمِ وَ
التَّوَلِّيْ يَوْمَ الزَّحْفِ وَقَذْفُ الْمُحْصَنَاتِ
الْمُؤْمِنَاتِ الْغَافِلَاتِ۔ (بخاری)

HADITH NR. 23

Sieben zerstörerische Sünden – - Totschlag ohne rechte Ursache, Wucherzins, Verleumdung usw.

Erzählt von Hazrat Abu Hurairah
(Allah sei erfreut durch ihn)

»Es befahl der Prophet Allahs (Friede und Segnungen Allahs seien mit ihm): ›Enthaltet Euch der sieben destruktiven Übel.‹

Sie (die Begleiter) fragten ›Und welche sind diese, oh Prophet Allahs?‹ Er sagte ›Schirk (d.h. jemanden Gott zugesellen als Partner oder Gleiches; oder ihm ein Weib oder einen Sohn oder einen Berater beilegen); Täuschung und Betrug; jemanden ohne rechten und triftigen Grund erschlagen; Wucherzins; das Eigentum von Waisen verbrauchen; in der

Schlacht zum Feind überlaufen; falsches Reden über unschuldidge, gläubige Frauen.‹«

Erklärende Bemerkung: Der Heilige Prophet (Friede Allahs sei mit ihm und Seine Segnungen) hat in diesem Hadith auf sieben soziale Übelstände hingewiesen, die letzten Endes zu völligem Ruin der Personen wie auch der Nationen führen. Der erste und wichtigste ist Schirk, welches Beiordnung irgendeines Partners als Person oder Attribut zu Gott bedeutet.

Schirk ist das größte Vergehen im Gebiet des Glaubens. Und indirekt ist die menschliche Moral durch die Folgen von Schirk beeinflußt. Es gibt zwei Arten von Schirk. Eine ist offenbare Schirk, die andere verborgene Schirk. Das offenbare Schirk besteht aus dem Beiordnen eines Menschens, eines Idols oder eines anderen Dinges als Partner an Seiner Gewalt oder an Seinen Attributen zu Gott oder Aufstellen eines Gleichen an Seiner Statt; so glauben z.B. die Hindus außer an Gott an viele Gottheiten als seine Partner. Oder die Christen glauben, daß Jesus Christus Sohn Gottes ist und Partner Seiner Herrschaft. Das verborene Schirk besteht darin, jemand (außer Gott) praktisch so zu verehren, wie Gott verehrt werden sollte, während zur gleichen Zeit, Gott kein Partner zugesellt wird und behauptet wird, an seine Einzigkeit zu glauben; oder vertrauen auf jemanden (außer Gott), wie es nur die Gnade Gottes wert ist, oder jemanden lieben (außer Gott), wie Gott allein beanspruchen kann, geliebt zu werden, oder jemanden fürchten, wie nur Gott würdig ist, gefürchtet zu werden.

Das verborgene Schirk dieser Art wird unglücklicherweise bei vielen Muslimen unserer Tage gefunden. Aber der Islam lehrt die vollkommene Einheit Gottes und warnt uns mit Nachdruck vor dem offenen wie auch vor dem verborgenen Schirk. Eine andere Überlieferung besagt, daß die Bedeutung von Schirk-vermeiden, oder mit anderen Worten, die Vorstellung von der Einheit Gottes den Glauben an den Heiligen

Propheten (Friede und Segnungen Allahs seien mit ihm) einschließt, denn durch die Prophetenschaft wurde die rechte Einheit Gottes in der Welt verkündet. Kurz, die Lehren des Islams wenden sich mit besonderem Nachdruck gegen Schirk, und es ist die Pflicht jedes treuen Muslims, beides zu meiden, die verborgene wie auch die offene Form. In bezug auf das verborgene Schirk sagt der Verheißene Messias (Friede sei mit ihm) mit fesselnden Worten:

›Alles was in Euern Herzen *Wohnung* findet außer Gott, ist Euer Idol, oh Ihr Schwachgläubigen. Seid auf der Hut vor diesen verborgenen Idolen und haltet den Vorhof Eurer Herzen frei von ihnen.‹

Das zweite Übel, von dem in diesem Hadith die Rede ist, ist *sihr*. Es steht im Arabischen für etwas, das täuscht, eine Sache, die in einer anderen als ihrer eigentlichen Bedeutung dargestellt ist, deren Wahrheit verdeckt ist, eine als Wahrheit dargestellte Lüge. Diese Form von sihr ist die schlimmste Falschheit, die zusammen mit Lügen etwas von Betrug und Hinterlist in sich birgt. Deshalb ist Vergolden im Arabischen auch als sihr bezeichnet. Z.B. wenn ein silberner Gegenstand vergoldet wird und als golden angeboten wird, so wird der Ausdruck sihr verwendet. Jedes Verborgene oder Unrechte, das etwas von Heimlichkeit in Art von Täuschung an sich hat, wird im Arabischen als sihr bezeichnet. Der Islam erklärt all diese Dinge als ungesetzlich, da sie die Moral negativ beeinflussen und zu einem verhüllten und unehrlichen Verhalten führen und gegenseitig Argwohn, Zwietracht und Uneinigkeit hervorrufen. Sihr bedeutet aber auch Unheil und Zwietracht. Das Übel von sihr in diesem Zusammenhang kann man sich wohl vorstellen.

Das dritte Übel, auf das unsere Aufmerksamkeit gelenkt ist, ist Töten ohne gerechten Grund. Islam führt Morden als ernsthaftes Vergehen und fordert den Tod für Morden, welches in Blutgelt-Kompensation dann umgewandelt werden

den kann, wenn die Parteien und auch das behandelnde Gericht zustimmen. Die Weisheit, die dieser Ausnahme zugrunde liegt, ist, daß wenn die betroffenen Familien der Parteien auf eine echte Versöhnung eingehen, sie dadurch von dem unaufhaltsamen Kreis der Blutrache erlöst werden können.

Die Bedingung von »ohne rechten Grund« im Zusammenhang mit Töten ist angefügt worden als Ausnahme von solchem Töten, wie es im Krieg oder als Ergebnis von gerechter Gerichtsverhandlung stattfindet. Töten ohne »guten und gerechten Grund« ist auch der Mord, der von Menschen begangen wird, die ihren Kopf verlieren, und Fanatikern, die jemanden töteten im Glauben, daß sie eine verdiente Bestrafung ausführen, ohne die Bestätigung durch einen legalen Gerichtshof, in Mißachtung des geschriebenen Gesetzes. Der Islam verbietet streng solche Willkür und verbietet, das Gesetz in die eigene Hand zu nehmen. Denn ohne solch einen ausdrücklichen Befehl kann der Friede des Landes nicht aufrechterhalten werden. In der Tat sieht der Islam im *»Töten ohne rechten Grund«* ein abscheuliches Verbrechen, so sehr, wie im Qur-ân bemerkt ist: »Jemand, der einen Menschen ohne rechten Grund tötet, tötet die ganze Menschheit.« Denn, Töten ohne rechten Grund führt nicht nur zu einer langen und ekelhaften Kette von wechselseitiger Blutrache, sondern untergräbt gleichzeitig den Respekt vor dem Gesetz des Landes. Als Ergebnis von Vorfällen dieser Art wird das menschliche Gewissen langsam zum Sterben gebracht. Es war deshalb wichtig, daß Mord zu den abscheulichsten Verbrechen gezählt wird.

Das vierte Übel, auf das dieses Hadith hinweist, ist Wucherzins. Zweifellos ist Wucherzins wegen der jahrhundertelangen Periode des nichtislamischen Einflusses zu einem unveräußerlichen Bestandteil des modernen Wirtschaftssystems in fast der ganzen modernen Welt geworden und ein wesentlicher Teil der Muslime ist auch indirekt mit in diesen Schmutz gezogen. Es besteht kein Zweifel, daß Wucherzins ein großer Fluch ist, zerstörerisch nicht nur auf die menschlichen Antriebe für Mitgefühl und Dienst am Nächsten, sondern es ist auch ein gewichtiger Grund, das Feuer von Streit und Krieg in der Welt anzufachen. Wucherzins führt 1. zum Abbau der besten Impulse der menschlichen Natur, 2. macht er das Schuldenmachen noch schwerer, als es sowieso schon ist, und führt 3. zu übermäßiger Verlängerung von Konflikten und Kriegen; die Menschen stürzen in der Hitze der Feindseligkeiten kopfüber in Schulden und schütten somit Öl ins Feuer des Krieges. Der Islam hat deshalb Wucherzins als ungesetzlich erklärt und begrenzt Leihen und Borgen auf die drei folgenden Formen:

1. Einfachen Kredit, in der Umgangssprache als Qarza hasnah (Ehrenschuld) bekannt, welchen ein Verwandter oder Freund oder Nachbar einem anderen Verwandten, Freund oder Nachbarn gewährt. 2. Pfandgut-Darlehen oder Darlehen gegen bewegliche oder unbewegliche Sicherheiten, die verpfändet werden, und 3. Geschäftsdarlehen oder Geld an jemanden in Handel, Industrie oder Verkehr verleihen mit Verlust- oder Gewinnbeteiligung. Der Islam erlaubt keine Darlehensgeschäfte außerhalb der oben erwähnten drei Formen und erklärt *Wucherzins*, unabhängig davon, ob die Sätze niedrig oder hoch sind, als ungesetzlich. Zu denken, es wäre nicht möglich bei Darlehen ohne Zinsen auszukommen, ist eine falsche Vorstellung, welche die Schöpfung einer modernen Umwelt mit fehlgeleiteten Vorstellungen ist. Während der Blütezeit des Islams gedieh der internationale Handel ohne Wucherzins. Und so wird er wieder blühen, wenn die Räder des Glücks sich zugunsten des islamischen Vorranges wenden, und die Menschen nach Fehlschritt und Absinken zur Wirklichkeit erwachen.

Das fünfte Übel, auf das die Aufmerksamkeit gelenkt wurde, ist das Verbrauchen des Vermögens von Waisen. Diese Unsitte ist ebenfalls für die Famlilien wie für die Nationen destruktiv. Denn es führt einerseits zum Verderben der Jugend der Gemeinschaft und auf der anderen Seite zur Vernichtung der Gefühle menschlicher Sympathie und zur Ausbreitung von Unredlichkeit. Drittens öffnet es den Weg zur Unterdrückung der Schwachen, und viertens schwindet der Opfergeist unter den Menschen. Mitglieder einer Gemeinschaft, die an den Anblick von Waisen, die beraubt und betrogen sind, gewöhnt sind, können niemals gestärkt werden für den Weg der Selbstaufopferung. Denn, in diesem Fall würde natürlich in ihren Herzen die Furcht wachsen, daß bei ihrem Ableben ihre Waisen ein gleiches Schicksal erleiden würden. Der Islam hat deshalb die Sorge für die Waisen als eine ernsthafte Verantwortung erklärt, und der Heilige Qur-ân legt höchsten Wert darauf.

Das sechste Laster, das in diesem Hadith berührt wird, ist das Überlaufen zum Feind in der Schlacht.

Dies ist eine Schwäche, die in großem Maße zum Niedergang der Nationen beigetragen hat. In Wirklichkeit hat ein feiges Volk kein Recht, so zu leben, daß es leichte Beute für tyrannische und agressive Nationen wird. Der Islam betrachtet es deshalb als ein schändliches Vergehen, überzulaufen und dem Feind die weiße Fahne zu zeigen. Der Heilige Qur-ân sagt in diesem Zusammenhang: »Oh, ihr Gläubigen, wenn ihr den Feind in der Schlacht trefft, kehrt unter keinen Umständen den Rücken. Wer es doch tut, es sei denn aus einer Kampftaktik oder um auf eine andere Gruppe von Gläubigen zu treffen, zu dem Zweck, später den Kampf zu eröffnen, er wird sich den Zorn Allahs zuziehen und seine Wohnung wird das Höllenfeuer sein.«

Dies ist die goldene Lehre, die zu den Siegen der ersten Muslime führte, die sie mit leuchtendem Erfolg zu dem Besitz der damals bekannten Welt führte.

Dieser Punkt ist nachdenkenswert. Selbst in unserer scheinbar hoch entwickelten Zeit könnte der erfahrenste General keinen besseren Befehl an seine Armee geben.

Der siebte und letzte Punkt, der in diesem Hadith berührt wird, ist das Aufstellen falscher Behauptungen gegen unschuldige, gläubige Frauen. Dies ist ein Laster, das in der Tat den nationalen Charakter übel untergräbt. Es ist äußerst bedauerlich, daß viele Menschen dieser Schwäche verfallen, sie hören verleumderische Geschichten mit großem Wohlgefallen und tragen zu ihrer Verbreitung bei, so sehr, daß sie sich wie Feuer verbreiten und auf ihrer Spur ein unschuldiges Herz zerstören. Eine kleine Überlegung wird zeigen, daß Sichgehenlassen in unzüchtigen, verleumderischen, sündhaften Erzählungen zerstörerischer für eine Gemeinschaft ist als die Sünden selbst. Denn es vergiftet die Herzen der Schwachen und unterminiert die Ehrfurcht bei den sündig Nachgiebigen. Wenn eine Sünde bekannt ist und wenn das Wissen um sie nur zwei Personen bekannt ist, ist ihre Wirkung beschränkt. Doch wenn eine Sünde von vielen Zungen besprochen ist, werden viele junge Leute von ihrer schlechten Auswirkung infiziert und langsam verliert die natürliche Furcht vor der Sünde, die der menschlichen Natur eigen ist, und die in hohem Maße förderlich ist, Übles abzuhalten, ihre Gewalt. Deshalb hat der Islam nicht nur vorbeugende Maßnahmen gegen sündige Tendenzen getroffen, sondern hat zur gleichen Zeit die Tür zur Verleumdung und Zügellosigkeit in sündhaften Geschichten geschlossen, und dies ist einer der Wege von Weisheit, der zur nationalen Reformation führt. Eine weitere Betrachtung im Lichte der verschiedenen Aspekte moralischer Führung sozialer Ethik enthüllt einen weiteren großen Vorzug der Hadis: und der ist, daß sie in sehr liebenswürdiger Art grundlegende Fragen in Betracht zieht, die zu Glauben, Moral, öffentlichem Frieden, Volkswirtschaft; zum Schutz der Rechte der Schwachen, zu nationalem Fortschritt führen und Übel aufdecken. Zum Beispiel das Verweisen auf Enthaltung von Schirk führt zur Erhaltung von Gläubigkeit; die Ungesetzlichkeit von sihr zur Erhöhung von Charakter und Sauberkeit des Betragens; *»Töten ohne rechten Grund«* ist im Interesse des allgemeinen Friedens verboten worden; die Ungesetzlichkeit von Zinsen hat zur ökonomischen Reform geführt; die Sorge für die Waisen ist geboten zur Festigung von Recht und Billigkeit in bezug auf die Behandlung der Schutzbedürftigen; die Warnung, in der Schlacht nicht zum Feind überzulaufen, ist im Interesse der nationalen Sicherheit, und Verleumdung ist als ungesetzlich erklärt worden, um die Tür zur Schamlosigkeit zuzuschlagen. So hat unser Prophet (Friede und Segnungen Allahs seien mit ihm) durch dieses goldene Gebot in aller Kürze für uns einen Ozean eröffnet. Segne Muhammad, o Gott, und verleihe ihm Friede und Sicherheit.

(٢٤)

عَنْ جَابِرِ بْنِ عَبْدِ اللهِ قَالَ قَالَ رَسُوْلُ اللهِ
صَلَّى اللهُ عَلَيْهِ وَسَلَّمَ مَا أَسْكَرَ كَثِيْرُهُ
فَقَلِيْلُهُ حَرَامٌ۔ (ابوداؤد)

Hadith Nr. 24

Rauschmittel sind ungesetzlich, auch in kleinen Mengen

Erzählt von Hazrat Jabir bin Abdullah (Allah sei erfreut durch ihn)

»Der Prophet Allahs (Friede und Segnungen Allahs seien mit ihm) sagte: ›Wenn die größere Dosis einer Substanz einen Rauschzustand herbeiführt, ist die geringere Dosis davon auch ungesetzlich.‹« (Abu Dau'd).

Erklärende Bemerkung: Während auf der einen Seite dieses bezauberndes Hadith Alkohol und andere Rauschmittel als ungesetzlich erklärt, unterbreitet es auf der anderen Seite die weise Forderung, daß bis nicht ein Laster mit der Wurzel ausgerottet ist und bis nicht alle möglichen Wege, die zu ihm führen, versiegelt sind, es nicht beseitigt werden kann. Deshalb ist es ein gefährlicher Fehler zu denken, daß, wenn Alkohol und andere Rauschgifte in kleinen Mengen genossen, keinen Rauschzustand hervorrufen, deshalb auch kein *Übel in ihrem beschränkten Genuß ist.* Die menschliche Natur ist so veranlagt, daß, wenn einmal eine Erlaubnis, eine Sache zu gebrauchen, gegeben ist, man diese Erlaubnis mißbraucht und vergißt, eine bestimmte Grenze einzuhalten. Gerade in bezug auf Rauschmittel ist diese Gefahr sehr groß. Denn wenn man schon seine Zuflucht zu diesem Gebiet nimmt, gibt es in den meisten Fällen nichts, den weiteren Fortgang in dieser Richtung aufzuhalten und von einer Drachme zu einer *Unze* und von einer Unze zur doppelten Dosis und dann zu einem *Pfund* wächst auch die Anziehungskraft. Deshalb hat der Heilige Prophet (Friede und Segnungen Allahs seien mit ihm) den Verbrauch von Rauschmitteln selbst in kleinen Dosen als ungesetzlich erklärt, so daß gefährliche Entartungen schon an der Wurzel ausgerottet sind. Zehntausende Menschen erlitten ihr böses Schicksal in dieser Welt nur, weil sie versuchten, einen vorübergehenden Rausch ihres Gemütes durch ein paar Tropfen Wein am Anfang zu erlangen, dann aber so sehr entglitten, daß sie Tag und Nacht in einen Zustand von Betäubung fielen. Dasselbe trifft auch auf Opium, Morphium und andere Rauschgifte zu; ihr erlaubter Verbrauch führt am Ende zu großen Dosen, und der Mensch, der in fußtiefem Wasser an der Küste steht, kann, wenn er in Tiefen gerät, sein Leben verlieren. Der glorreiche Qur-ân hat wohl einige Werte des Weins und Spiels festgestellt, aber gleichzeitig betont, daß ihre Gefahr ihre Vorteile weit übertrifft.

»Doch ihr Schaden ist größer als ihr Nutzen.« 2:220

d.h., selbst wenn sie ohne Zweifel einige Vorzüge aufweisen, ihre nachteiligen Eigenschaften weit ihre Vorteile übertreffen.

Der gute Muslim sollte deshalb auf jeden Fall Abstand davon nehmen.

Wenn die Frage hier aufgeworfen wird, daß, weil es Ausnahmefälle von Menschen gibt, die sich in bezug auf den Genuß von Wein innerhalb des Erlaubten halten können und nur geringe Gefahr besteht, daß sie die erlaubte Menge überschreiten, der Genuß von Wein in erlaubten Mengen in ihrem Fall als zulässig angesehen werden soll. So ist die Antwort ein nachdrückliches »Nein«. Und so soll der Genuß von Wein also für jeden Muslim nicht erlaubt sein. Denn besonders in solchen Vorschriften muß der Aspekt für die Massen bewertet werden; das heißt also, wenn etwas für das Gesetz der Allgemeinheit entschieden gefährlich ist, das einzelne Ding auch für die Minorität als ungesetzlich erklärt werden muß, sonst haben die Gesetze keine Basis. Zweitens, wenn ein Mensch sich heute in der Gewalt hat, wo ist die Garanatie, daß er nicht ausgleitet und morgen die Herrschaft über sich verliert? Drittens führt dieses Hadith nicht alle üblen Getränke auf, sondern hat nur durch Anführung eines Beispiels die brauschende Wirkung herausgestellt. Wein hat sicher viele andere schädliche Wirkungen außer dieser einen. Deshalb, wenn im Falle einer Person der schädigende Effekt des Rausches wegfällt, bleibt Wein doch ungesetzlich für ihn auf Grund seiner anderen nachteiligen Wirkungen. So hat der Heilige Prophet (Friede und Segnungen Allahs seien mit ihm) ihn auf jeden Fall als ungesetzlich erklärt.

Kurz: durch dieses Hadith hat unser Prophet (Segnungen Allahs seien mit ihm und Sein Friede) unsere Aufmerksamkeit auf drei wichtige Fakten gelenkt. Erstens, daß jedes Rauschmittel für einen Muslim ungesetzlich ist, sei es Wein, Opium oder anderes. Zweitens, etwas, das einen Rauschzustand herbeiführt, wenn es in großen Mengen genossen wird, ist ungesetzlich auch in kleinen Dosen. Deshalb kann keiner Wein oder Opium nehmen mit dem Hinweis, daß er es zu sich nimmt, ohne daß es zum Rauschzustand führt. Drittens ist das rechte Mittel, Übelstände dieser Art zu beseitigen, sie an der Wurzel auszurotten und alle möglichen Auswüchse zu unterbinden. Denn wenn die Tür zu ihnen offengelassen ist, bleibt die Gefahr ihres Auftretens bestehen, und der Islam zielt auf Aufstellung eines sicheren Schutzes gegen solche Möglichkeiten.

(٢٥)

عَنْ اَبِیْ هُرَیْرَةَ ؓ قَالَ قَالَ رَسُوْلُ اللّٰهِ صَلَّی اللّٰهُ عَلَیْهِ وَسَلَّمَ مَنْ غَشَّ فَلَیْسَ مِنِّیْ ۔

(مسلم)

Hadith Nr. 25

Ein Betrüger kann nicht als rechter Muslim angesehen werden

Erzählt von Hazrat Hurairah (Allah sei erfreut durch ihn)

»Es sagte der Prophet Allahs (Friede und Segnungen Allahs seien mit ihm): ›Wer im Geschäft und in Verhandlungen betrügt und wer im Herzen nicht ist, was er nach außen hin scheint, gehört nicht zu mir.‹« (Muslim).

Erklärende Bemerkung: Der Heilige Prophet (Friede und Segnungen Allahs seien mit ihm) machte diese Feststellung, als er seine Hand in einen Sack Korn tat, der einem Getreidekaufmann gehörte, während es innen naß war; mit einer dicken Schicht von trockenem Korn an der Oberfläche war der Versuch gemacht worden, diesen Fehler zu verdecken. In dem Moment war sein Gesicht mit Ärger und höchstem Mißvergnügen überzogen; er sagte dem Getreidekaufmann, daß Betrügen im Islam nicht erlaubt sei und daß der Muslim, der versuche zu täuschen und versuche, verdorbene Waren zu verkaufen, indem er sie mit guten umgebe, nicht zu ihm gehöre. Dann ordnete er an, daß, wenn Waren in irgendeiner Art und Weise schadhaft seien, ihr Defekt sichtbar gemacht werden soll und so zum Kauf geboten werden solle, daß der Käufer sie beurteilen und ihren Defekt einkalkulieren kann.

Die Folge dieser mächtigen Ermahnung war später einmal in der Meinungsverschiedenheit sichtbar, die bei seinen Gefährten auftauchte, wenn z.B. der Händler 200 Taler für seine Ware verlangte, aber der Käufer betonte, daß sie 300 Taler wert sei. Jedoch ist es schmerzlich festzustellen, daß viele sogenannte Muslime von heute im Handel betrügen ohne den leisesten Skrupel und ihre Lügen mit Schwüren bekräftigen und sich in solche Fälschungen ergehen, daß sich selbst Satan verdrängt fühlt. Einige Muslime führen die Hajj (Pilgerfahrt) einzig in der Überlegung durch, ihr Geschäft mit dem neugewonnenen Titel Hajj zu fördern. Ich sage nicht, daß alle von diesem Typ sind. Aber wenn eine beachtliche Anzahl Mitglieder einer Gemeinschaft von moralischem Verfall solcher Art befallen ist, wird die ganze Gemeinschaft mit dieser Schuld belastet. Auf jeden Fall ist derjenige ein rechter Anhänger unseres Propheten (Friede und Segnungen Allahs seien mit ihm), der seinen Geboten folgt und jede Art von Täuschung und Betrug meidet, da er sonst nicht den Folgen der Warnung entgehen kann, ›...derjenige, der in Handel und anderen Geschäften betrügt und zum Betrug beiträgt, hat nichts zu tun mit mir.‹

(٢٦)

عَنِ ابْنِ عُمَرَ قَالَ قَالَ رَسُوْلُ اللّٰهِ صَلَّى اللّٰهُ عَلَيْهِ وَسَلَّمَ مَنْ تَشَبَّهَ بِقَوْمٍ فَهُوَ مِنْهُمْ - (ابوداؤد)

Hadith Nr. 26

Ahme nicht andere Nationen nach

Erzählt von Hazrat Ibne Omr
(Allah sei erfreut durch ihn)

»Es sagte der Prophet Allahs (Friede und Segnungen Allahs seien mit ihm) ›Wer andere Völker nachahmt (den Weg und die Tradition seiner eignen Gemeinschaft und seines eignen Volkes verläßt), wird als einer der ihren angesehen werden.‹« (Abu Daud).

Erklärende Bemerkung: Dieses wichtige Hadith enthält einen feinen psychologischen Gesichtspunkt und besagt, daß, wer den Weg, die Gebräuche und die Eigenheiten seines eignen Volkes verläßt und sich einem anderen Volk anzupassen versucht, damit beweit, daß sein Herz von dem Weg, den

Gebräuchen und der Tradition der anderen Menschen beeinflußt ist, und er gefühlsmäßig von ihnen abhängig geworden ist. Ein solcher Mensch fühlt, daß die Kultur, die Zivilisation und die Verhältnisse und Aussichten eines gewissen Volkes überlegener und höher als die Kultur, Zivilisation und Verhältnisse und Aussichten seiner eignen Gemeinschaft sind, und er beginnt, auf sich herabsehend, sie miteinander zu vergleichen und indem er gefühlsmäßig von ihnen abhängig wird, fängt er an, sie blindlings zu imitieren. Kein Zweifel, daß solch ein Mensch zu der Gemeinschaft, die er zu imitieren sucht, gerechnet werden wird. Der Heilige Prophet (Segnungen Allahs seien mit ihm und Sein Friede) hat dieses Hadith zufolge die Muslime gewarnt, die Wege und Kultur anderer Gemeinschaften zu kopieren, und geboten, stattdessen die islamische Kultur anzunehmen, weil sie die beste und höchste aller Kulturen und Zivilisationen ist; anderenfalls werden sie sich selbst in die schlechteste Art von gefühlsmäßiger Sklaverei bringen und so ihre eigne Würde und vortreffliche Individualität als Muslime einbüßen. Es ist kaum ein Zweifel, daß gefühlsmäßige Sklaverei weitaus schlimmer ist als körperliche Sklaverei. Ein Mensch, der vorübergehend in Sklaverei ist, ist ohne Zweifel ein Gegenstand des anderen Menschen, doch trotzdem sind sein Herz und sein Gemüt frei. Doch wer gefühlsmäßig in Gefangenschaft ist, hat, obwohl er nach außen hin ein freier Mensch ist, die Freiheit seiner Seele und seines Gemüts verloren, und seine Taten sind keit Deut besser als die des Affen, der nur zur Melodie der anderen zu äffen und zu tanzen vermag. Leider haben viele Muslime diese weisen Instruktionen ihres Propheten (möge der Friede und die Segnungen Allahs mit ihm sein) außer acht gelassen und sind in der schlechtesten Form Sklaven der westlichen Kultur geworden. Als die Briten nach Indien kamen, entledigte sich ein großer Teil der Muslime in niedriger Art und Weise ihrer Kultur und nahm Zuflucht zu ihnen.

Ihre Bärte verschwanden. Ihre Kleidung verfiel einem hastigen Rückzug vor dem Angriff von Krawatten und Kragen, und Krüge von Wein überschwemmten ihre Feste, und ihre Frauen legten ihre Schleier ab, ihre verlockenden Schönheiten öffentlich zur Schau stellend. Gehört dies alles nicht zu der schlechtesten Form von »wer das Verhalten der anderen imitiert, wird einer von ihnen«. Seht dies doch, oh, die ihr Augen habt!

Es ist zweifellos kein Übel, ein gutes Ding in schicklicher Weise zu übernehmen. Selbst unser Prophet (die Segnungen Allahs seien mit ihm und Sein Friede) sagt in diesem Zusammenhang:

»Ein weiser Ausspruch ist das kostbarste Eigentum der Gläubigen, und wo immer er es findet, soll er es nehmen, denn es ist sein Eigentum.« Das bedeutet aber keineswegs, daß jeglicher Unsinn blindlings übernommen werden soll. Im Gegenteil, ehe man eine Sache übernimmt, sollten zwei entscheidende Faktoren in Betracht gezogen werden: (1.) Sie soll in der Tat gut sein und nicht im Gegensatz zur islamischen Lehre und Tradition stehen; (2.) sie soll nicht blindlings nachahmend übernommen werden, sondern soll gründlich geprüft sein und ihre Für und Wider sorgfältig gewogen werden, und sie soll auf normalem Weg übernommen werden.

(٢٧)

عَنِ النُّعْمَانِ بْنِ بَشِيْرٍؓ قَالَ سَمِعْتُ رَسُوْلَ اللّٰهِ صَلَّى اللّٰهُ عَلَيْهِ وَسَلَّمَ يَقُوْلُ اِنَّ فِي الْجَسَدِ مُضْغَةً اِذَا صَلُحَتْ صَلُحَ الْجَسَدُ كُلُّهٗ وَاِذَا فَسَدَتْ فَسَدَ الْجَسَدُ كُلُّهٗ اَلَا وَهِيَ الْقَلْبُ ـ (بخاری)

Hadith Nr. 27

Wenn das Herz gut ist, geht es auch allen anderen Gliedern gut

Erzählt von Hazrat Noman bin Bashir (Allah sei erfreut durch ihn)

»Ich hörte den Propheten Allahs (Friede und Segnungen Allahs seien mit ihm) sagen, ›Im Körper gibt es ein Stück Fleisch; wenn es ihm gut geht, geht es dem ganzen Körper gut, und wenn es krank wird, wird der ganze Körper krank – dieses Stück Fleisch ist das Herz.‹« (Bukhari).

Erklärende Bemerkung: Dieses Hadith lehrt den Menschen, sich selbst zu betrachten. Es besagt, daß das Herz der

Urquell aller Tätigkeit des Menschen ist. Wenn das Herz eines Menschen gute und reine Gedanken beherbergt, werden auch alle seine Taten notwendigerweise gut sein. Wenn jedoch das Herz schmutzige und zerstörerische Ideen hat, müssen die Taten auf den Weg des Lasters führen. Die Gefühle, die das Herz enthält, kann man mit Samen vergleichen, die Taten entsprechen dann in diesem Vergleich dem Baum, der aus diesem Samen entspringt. Deshalb muß man sich zum Zwecke der Besserung zuerst Sorge um das Herz machen. Wenn die Führer einer Gemeinschaft und auch die Presse den Herzen der Massen das Gefühl für Tugend vermitteln und die Schul- und Hochschullehrer in gleicher Weise die Herzen der Schüler beeinflussen wie auch die Eltern die ihrer Kinder, und in ihnen die Liebe zu Gott, zum Propheten und zum Glauben und das Gefühl für das Wohlergehen der Gemeinschaft und den Geist von Dienen, Opfern und Wahrhaftigkeit wecken und in ihnen die Saat für Ehrbarkeit säen – dann ist wenig Grund zur Sorge für gute Taten ihrerseits gegeben. Die Reinheit der Gesinnung selbst wird das Wachstum des Baumes der Tugend fördern. Wenn jedoch das Herz krank ist, wird die Pflanze der guten Taten nicht wachsen, und wenn sie doch wächst, wird sie schneller wieder vergehen. Der Heilige Gründer der Ahmadiyya-Bewegung, der Verheißene Messias (Friede Allahs sei mit ihm), hat in diesem Zusammenhang sehr schön gesagt:

> ›Rechtschaffenheit ist die Wurzel aller Tugend. Wenn die Wurzel stark ist, ist alles gesund.‹

Es ist wahr, daß das menschliche Herz der zentrale Ausgangspunkt für die Rechtschaffenheit ist, der Urquell und Ursprung aller tugendhaften Taten. Wenn das Herz in guter Verfassung ist, werden auch die Tätigkeiten der Hände, der Füße, der Zunge und der Augen gesund sein. Aber ist das Herz schmutzig, riechen alle Taten des Menschen nach Übel und Schmutz. Selbst die anscheinend guten Taten solch einer

Person sind wie leblose Imitationen oder scheinheilige Ankündigungen, bar jeder Realität. Es ist deshalb die Pflicht eines jeden Reformers, zuerst die Herzen zu heilen, denn das Herz ist die Wurzel, und keine faule Wurzel kann einen heiligen Baum hervorbringen.

(٢٨)

عَنْ وَابِصَةَ بْنِ مَعْبَدٍ قَالَ قَالَ رَسُوْلُ اللّٰهِ صَلَّى اللّٰهُ عَلَيْهِ وَسَلَّمَ اِسْتَفْتِ نَفْسَكَ اِسْتَفْتِ نَفْسَكَ اِسْتَفْتِ نَفْسَكَ. اَلْبِرُّ مَا اطْمَأَنَّتْ اِلَيْهِ النَّفْسُ وَاطْمَأَنَّ اِلَيْهِ الْقَلْبُ وَالْاِثْمُ مَا حَاكَ فِي النَّفْسِ وَتَرَدَّدَ فِي الصَّدْرِ وَاِنِ افْتَاكَ النَّاسُ (مسند احمد)

Hadith Nr. 28

Vermeide, was dein Herz unruhig macht

Erzählt von Hazrat Vabisa bin Ma'abad
(Allah sei erfreut durch ihn)

»Es sagte der Prophet Allahs (Friede und Segnungen Allahs seien mit ihm): ›Erstrebe für deine Seele den Rechten Weg! Erstrebe für deine Seele den Rechten Weg! Erstrebe für deine Seele den Rechten Weg. Die tugendhafte Tat ist die, die deine Seele ruhevoll und dein Herz zufrieden macht und eine sündige Tat ist die, die an deiner Seele nagt und dein Herz zusammenzieht, obwohl die anderen Menschen damit zufrieden sind.‹« (Musnad Ahmad).

Erklärende Bemerkung: Die Bemerkung des Heiligen Propheten (Friede und Segnungen Allahs seien mit ihm) basiert auf der ewigen Wahrheit, daß Gott der Höchste, der Schöpfer allen Lebens, jeden Menschen mit einer reinen Seele ausgestattet hat. Es ist die spätere Entwicklung, die, in die falsche Richtung geleitet, die reine Seele mit unreiner Schichtung überlagert. Doch der reine Kern der Natur und das Licht des Gewissens sterben nicht ganz und leiten den Menschen sein ganzes Leben hindurch. Selbst wenn der Mensch, tief in weltlichen Schmutz geraten, in Augenblicken einsamer Zurückgezogenheit still auf den eigenen Zustand zurückblickt, beginnt das Gewissen, Fesseln der Weltlichkeit überwindend, ihm Vorwürfe zu machen. Diese bedeutende Bemerkung des Heiligen Propheten (Friede und Segnungen Allahs seien mit ihm) zeigt die grundlegende Führung dieses seelischen Lichtes. Er sagt, daß normalerweise ein empfindsamer Mensch keinen anderen Menschen als Richter befragen muß, denn sein eignes Herz ist sein Richter; er soll das Urteil seines eignen Herzens und seines Gewissens in bezug auf Gut und Böse befragen und befolgen. Denn Tugend ruft ein Gefühl von Größe, Ruhe und Zufriedenheit im Herzen hervor, während das Laster die Brust zusammenzieht und die Seele beschwert. In solch einer Lage ist es nutzlos, die falsche Stütze der Führung bei anderen zu suchen; statt dessen sollte man auf die Stimme des eignen Gewissens hören. Wenn in bezug auf eine bestimmte Sache das Gewissen unschlüssig ist und das Herz sich zusammenzieht, soll man davon absehen, trotz der zustimmenden Auffassungen der Juristen. Dann soll man das Urteil des Gewissens befolgen, das in der Tat die Führung ist, die Gott der Schöpfer der Natur, Selbst dem Menschen gegeben hat.

Aber wie der Heilige Prophet (Segnungen und Friede Allahs seien mit ihm) in den Worten *afti nafsaka* (befrage dein Gewissen) angedeutet hat, ist es, um das Gewissen zu befragen, notwendig, sich zurückzuziehen, weit weg von anderen, und sich in dem Geist der Rechtschaffenheit zu befragen, da sonst die Meinung der anderen das Gewissen übertönen und die natürliche Leitung auslöschen würde. Wenn aber ein Mensch sein Gewissen befragt, in Zurückgezogenheit, frei von allem weltlichen Einfluß, wird das natürliche Licht seines Herzens ihm wie eine führende Fackel dienen, die mit der Macht zwischen Gut und Böse zu unterscheiden für immer ausgestattet ist. Beim Nachdenken wird man erkennen, daß das natürliche Gefühl, zwischen Gut und Böse zu unterscheiden, ein gewichtiges Argument für die Existenz Gottes ist. Denn, wenn es keinen Gott gäbe (Gott verbietet, daß wir solche Gedanken tragen), woher käme der angeborene Sinn zur Unterscheidung von Tugend und Laster, welcher in der Tiefe der Seele wohnt und den Menschen recht leitet. Überlege und erwäge gut!

(٢٩)

عَنْ اَبِيْ هُرَيْرَةَ قَالَ اِنَّ رَسُوْلَ اللّٰهِ صَلَّى اللّٰهُ
عَلَيْهِ وَسَلَّمَ قَالَ اِذَا قَالَ الرَّجُلُ هَلَكَ
النَّاسُ فَهُوَ اَهْلَكَهُمْ (مسلم)

Hadith Nr. 29

Minderwertigkeitsgefühl ist ein höchst verhängnisvolles Gefühl

Erzählt von Hazrat Abu Huraira (Allah sei erfreut durch ihn)

»Es sagte der Prophet Allahs (Segnungen und Friede Allahs seien mit ihm), ›Wenn ein Mensch über andere Menschen erklärt, sie seien verdammt, so ist er es, der sie der Verdammnis übergibt.‹« (Muslim).

Erklärende Bemerkung: Dieses Hadith basiert auch auf einer wichtigen psychologischen Tatsache, die in der moderenen Terminologie als ›Minderwertigkeitskomplex‹ oder ›Niederlagen-Mentalität‹ bezeichnet wird. Der Heilige Prophet (Friede und Segnungen Allahs seien mit ihm) sagt, daß man versuchen soll, die Moral der Menschen zu heben, indem man in ihnen Hoffnung, Glauben, Selbstvertrauen und Selbstachtung weckt, anstatt sie durch Verzweiflung, Behinderung, Minderwertigkeitsgefühle und Gefühle von Niedergeschlagenheit in die Grube der Entwürdigung zu ziehen. Wer laut über die geringen Fehler und unbedeutenden Mißstände der Menschen jammert und stöhnt, daß sie erledigt und verdammt seien, ruft selbst durch solche Bemerkungen Verzweiflung und Minderwertigkeitsgefühle in ihnen hevor. Gerade diese aber öffnen den Weg zur Verdammnis der betreffenden Menschen. Der Heilige Prophet (Friede und Segnungen Allahs seien mit ihm) hat deshalb vorgeschrieben, daß den Menschen für ihre Fehler als eine Besserungsmaßnahme ein passender Hinweis gegeben werden mag; über jeden kleinen Fehler zu schreien und zu klagen, z.B. sie nähern sich dem Ufer des Ruins, sei jedoch das gleiche, wie sie mit eigner Hand der Verdammnis auszuliefern. Jeder Reformer solle sich vor diesem Weg hüten.

Die Haltung unseres Propheten (Segnungen und Friede Allahs seien mit ihm) in diesem Zusammenhang wird deutlich durch eine Gruppe, die einmal von ihm (Friede Allahs und Seine Segnungen seien mit ihm) einen Befehl bekommen hatte – aber von dem Schlachtfeld nach Medina zurücklief. Der Gedanke, daß dem ›Feind in der Schlacht den Rücken kehren‹ im Islam wider das Gesetz ist, machte sie mit einem niederdrückenden Gefühl von Scham so tief betroffen, daß sie sich nicht vor die Augen des Heiligen Propheten (Friede und Segnungen Allahs seien mit ihm) wagten. Als er sie, die ihr Gesicht verbargen, in einer Ecke der Moschee bemerkte, ging er persönlich zu ihnen und rief, daß sie sich zu erkennen geben sollten. Schamvoll mit niedergeschlagenen Augen, sagten sie, ›Oh, Prophet Allahs, wir sind die davongelaufene Gruppe (Wahnul Fararun).‹

Als er in ihnen das Gefühl von Selbstvernichtung bemerkte, sagte er ihnen, sie seien doch nicht davongelaufen, sondern nur zurückgekommen, dem Feind nur noch härter wieder gegenüberzutreten und sie seien doch nur zu ihm gekommen, damit er sie wieder in die Schlacht führe. Als dieser herzerweichende Ruf des Heiligen Propheten (Friede und Segnungen Allahs seien mit ihm) die Ohren dieser Gruppe erreichte, die still ihrer Verzagtheit litt und sich gegen die Wogen des Minderwertigkeitskomplexes wehrte, sprangen sie plötzlich auf und fielen nieder, seine Hände zu küssen. Dies war die Lektion, die unser Prophet und Lehrer seinen Begleitern in der Praxis gab und die er durch das Hadith in der Theorie als Anweisung gab. Oh, Gott, segne Muhammad mit Frieden und Wonne und Sicherheit.

Das Wort *ahlakahum*, das in diesem Hadith vorkommt (mit der Bedeutung: er zerstörte sie), kann leicht eine andere Bedeutung bekommen; nach einer kleinen Veränderung der Vokalzeichen wird es zu ahl·ka (er ist selbst der, der den meisten Schaden hat). Es ist klar, daß auch mit dieser anderen Bedeutung diese Hadis einen sehr feinen Sinn hat, da es im letzteren Fall bedeutet, daß ein Mensch, der andere als verdammt erklärt, in Wirklichkeit sich selbst tief hinabstürzt in bewußte Selbstzerstörung. Ob nun die anderen Menschen dadurch verdammt sind oder nicht, indem er diese Worte gebraucht, besiegelt er, ohne den leisesten Zweifel, seine eigne Verdammnis.

(٣٠)

عَنْ اَبِیْ عُبَیْدَةَ بْنِ عَبْدِ اللّٰهِ عَنْ اَبِیْهِ
قَالَ قَالَ رَسُوْلُ اللّٰهِ صَلَّی اللّٰهُ عَلَیْهِ وَسَلَّمَ
اَلتَّائِبُ مِنَ الذَّنْبِ كَمَنْ لَّا ذَنْبَ لَهٗ ۔

(ابن ماجه)

HADITH NR. 30

Echte Reue reinigt von Sünden

Erzählt von Abu Obaida bin Abdullah,
der es von seinem Vater gehört hat
(Allah sei erfreut durch ihn)

»Es sagte der Prophet Allahs (Friede und Segnungen Allahs seien mit ihm): ›Derjenige der seine Sünden bereut, ist wie einer der nie gesündigt hat.‹« (Ibne Majah).

Die Philosophie von *tauba* (Reue) ist tief verbunden mit Geistigkeit und übt einen fruchtbaren Einfluß auf die Moral der Menschen aus. Tauba hilft dem Menschen, voll Hoffnung auf Gott zu bleiben und seinen moralischen Standard zu heben. Jedoch ist es bedauerlich: die meisten Religionen, außer dem Islam, fördern, indem sie die Tür der Reue (tauba) für die Menschen zuschlagen, auf der einen Seite Mißtrauen gegenüber Gott und zum andern Pessimismus und moralischen Verfall. So z.B. die christliche Kirche, die durch die Ablehnung von tauba Zuflucht zu der absolut künstlichen und unnatürlichen Theorie der Stellvertreter-Buße sucht. Und die Hindu-Religion zieht ihre Anhänger hinab in den Sumpf der Wiedergeburt. Die wahre und natürliche Erlösung aber ist die Aufstellung von tauba (Reue), eine klare natürliche Hilfe, bei deren Nichtachtung kein Mensch geistige Vollkommenheit noch moralische Qualitäten erreichen kann.

Es ist eine seltsame Ironie, daß die religiösen Systeme, die die Tür zur tauba zuschlagen, nicht bereit sind, Gott, dem Schöpfer und Herrn dieses Universums, Selbst die moralischen Attribute einzuräumen, die als preiswürdige Eigenschaften eines guten Menschen angesehen werden sollen. Ein Gentleman übersieht die Fehler seiner Kinder, seiner Freunde, seiner Untergebenen und seiner Diener, tagaus und tagein. Es wird in diesem Fall als lobenswert angesehen. Aber es ist traurig, daß solch großmütiges Verhalten von seiten Gottes als ungeeignet angesehen werden soll. Tatsache ist, daß von Seiner Seite notwendig sein soll, den Sünder zu vernichten, selbst wenn er zerknirscht war und seine Sünden ernsthaft bereute. Islam lehnt diese Lehre jedoch völlig ab und öffnet weit die Tür von Gottes Vergebung und Barmherzigkeit für jeden wahrhaften reuevollen Sünder. In diesem Fall sehen wir, wie ein gegenseitiger Strom zwischen dem Menschen und Seinem Schöpfer fließt: von Mitleid und Gnade von seiten Gottes und von Vertrauen und Dankbarkeit von seieten des Menschen; gleichermaßen würdig der Ehre Gottes als auch des Glaubens der Menschen.

Sicher, der Mensch ist schwach und geneigt, unter dem Druck der momentanen Einflüsse zu straucheln. Es wäre ungerecht, ihn völlig zu verdammen, sogar wenn er ehrlich bedauerte und ernsthaft bereut. Es ist gänzlich trügerisch und

Es ist eine seltsame Ironie, daß die religiösen Systeme, die die Tür zur tauba zuschlagen, nicht bereit sind, Gott, dem unvernünftig einzuwenden, daß die Annahme von Reue die Sünde unterstützt.

Weit entfernt von Ermutigung zur Sündhaftigkeit dient echte Reue dem Menschen als ein Mittel der Reinigung. Islam hat solche harten Bedingungen aufgestellt, damit echte tauba zu einer ernsthaften geistigen Erneuerung und einem grundlegenden seelischen Wandel wird.

Wie uns der Qur-ân und die Ahadith lehren, sind die 3 Bedingungen folgende:

1. Der reuevolle Mensch soll seine Sünden mit treuem Herzen bereuen und soll Vergebung und Unterstützung mit vom Herzen kommender Ernsthaftigkeit suchen.
2. Er soll geloben, in Zukunft von solchen Vergehen und sündhaften Taten abzusehen und zu diesem Zweck die Hilfe Gottes zu suchen.
3. Er soll, wenn es möglich ist, praktische Wiedergutmachung für das Unrechte und Sündige üben. Wenn zum Beispiel er jemandes Eigentum unterschlagen hat, soll er ihn entschädigen, und wenn er die Rechte von jemandem an sich genommen hat, soll er diese der rechtmäßigen Partei zurückgeben.

Kein fühlender Mensch kann tauba unter diesen Bedingungen falsch finden. Es ist wahr, ernsthafte Reue (tauba) ist ein Tod, der dem Menschen ein neues Leben sichert, das ihm den Weg zu der gnädigen, mitleidenden und fördernden Liebe Gottes öffnet. Islam allein öffnet die Tür zur echten Reue.

(۳۱)

عَنْ أَبِيْ هُرَيْرَةَ رضي عَنِ النَّبِيِّ صَلَّى اللهُ عَلَيْهِ
وَسَلَّمَ أَنَّهُ قَالَ لَا يُلْدَغُ الْمُؤْمِنُ مِنْ جُحْرٍ
وَّاحِدٍ مَرَّتَيْنِ - (بخاری)

Hadith Nr. 31

Ein Gläubiger macht denselben Fehler nicht zweimal

Erzählt von Hazrat Abu Hurairah
(Allah sei erfreut durch ihn)

»Es sagte der Prophet Allahs (Friede und Segnungen Allahs seien mit ihm) immer und immer wieder: ›Ein Gläubiger wird nicht zum zweitenmal im selben Loch gebissen.‹« (Bukhari).

Erklärende Bemerkung: Dieses bezaubernde Hadith ist von außerordentlicher Bedeutung. Sein deutlicher und einfacher Sinn ist, daß der rechte Gläubige wachsam ist und auf der Hut bleibt. Wenn er mit einer Person, Partei oder einem Volk in Kontakt kommt und einmal geschädigt wird, sieht er zu, daß er nicht zum zweitenmal hereinfällt. Mit anderen

Worten, er wird wachsam nach seiner allerersten Erfahrung und ist gefeit gegen weiteres Unrecht, versagt der anderen Partei eine erneute Möglichkeit, ihm zu schaden. Mit dieser Bemerkung hat der Heilige Prophet (Friede Allahs sei mit ihm und Seine Segnungen) den Muslimen eingeschärft, überaus wachsam und auf der Hut zu bleiben. Er bezeichnet es als charakteristisch für einen guten Muslim, daß er auf Grund seiner Ehrlichkeit zwar einmal betrogen werden kann, aber nicht ein zweites Mal, weder von der gleichen Person noch in der gleichen Sache. Ein Muslim wird aus jeder bitteren Erfahrung Nutzen ziehen und weiter danach streben, seine Stellung zu festigen und so für sich den weiteren Weg zum Vorwärtskommen, Schritt für Schritt, offenzulassen.

Diese Anordnung des Heiligen Propheten (Friede und Segnungen Allahs seien mit ihm) läßt sich gleichermaßen auf alle Phasen und Begebenheiten des menschlichen Lebens anwenden. Wenn, zum Beispiel, ein Muslim einmal von einem unehrenhaften Geschäftsmann betrogen worden ist, warnt ihn diesem Hadith davor, dem Schwindler noch einmal eine weitere Chance zu geben, ihn zu betrügen. Wenn ein Schwindler einmal einen Muslim betrügt, so warnt dieses Hadith ihn davor, ein zweites Mal von demselben Schwindler betrogen zu werden. Und wenn ein Mensch einen Muslim betrügt, dadurch, daß er sich ihm gegenüber als Freund ausgibt, warnt ihn dieses Hadith davor, sich noch einmal in die Hände dieses Betrügers zu begeben. Kurz, dieses Hadith ist von vielseitiger Bedeutung. Selbst in Fällen, wenn ein Mensch etwas tut, was er für harmlos hält oder von dem er weiß, daß es sündhaft ist, aber seine Wichtigkeit nicht richtig einschätzt und seinen Schaden nur nach der praktischen Erfahrung erfaßt, dient ihm dieses Hadith als Weisung, ihn davor warnend, seinen Fehler noch einmal zu wiederholen. Es paßt tatsächlich nicht zu der Einsicht eines Muslims, wenn er ein zweites Mal in dem gleichen Loch gebissen wird.

Kurz, dieses wunderschöne Hadith ermahnt jeden Muslim: mit offenen Augen durch diese Welt zu gehen und jeden Fall als Anlaß zu nehmen, besser auf jeden Schritt zu achten, von jedem Fehler zu lernen und immer und immer weiter voranzuschreiten.

(۳۲)

عَنْ اَبِي الدَّرْدَاءِ عَنِ النَّبِيِّ صَلَّى اللّٰهُ عَلَيْهِ وَسَلَّمَ
قَالَ مَا مِنْ شَيْءٍ فِي الْمِيْزَانِ اَثْقَلُ مِنْ
حُسْنِ الْخُلُقِ - (ابوداؤد)

Hadith Nr. 32

Keine Handlung ist besser als ein gutes Betragen

Erzählt von Hazrat Abu Darda
(Allah sei erfreut durch ihn)

»Es sagte der Prophet Allahs (Segnungen Allahs seien mit ihm und Sein Friede), ›Nichts wiegt schwerer in der Waagschale Gottes als die Vorzüglichkeit des Betragens.‹« (Abu Dau'd).

Erklärende Bemerkung: Vorzügliches soziales Verhalten ist halber Glaube. Der Islam hat größten Nachdruck darauf gelegt, so sehr, daß diesem Hadith zufolge der Heilige Prophet (Friede und Segnungen Allahs seien mit ihm) erklärte, daß es nichts Schwereres in der Göttlichen Waagschale gäbe als vorzügliches Betragen. In einem anderen Hadith sagt er, daß derjenige, der nicht den Menschen gegenüber dankbar war, auch nicht dankbar Gott gegenüber war. Fürwahr, Vorzüglichkeit sozialen Betragens stellt die Grundlage jeglicher Tugend dar. Selbst geistige Entwicklung ist nur ein fortgeschrittenes Stadium guten Verhaltens. Deshalb hat unser Prophet soviel Nachdruck auf die Anwendung von sozialem Verhalten gelegt, und die Ahadith, die im Zusammenhang damit berichtet sind, sind zu zahlreich, um aufgezählt zu werden.

Außerdem, soweit der Ausdruck der sozialen Ethik durch individuelles Verhalten interessiert, übergeht der Islam nicht, die Rechte jedes Beanspruchers zu berücksichtigen. Von Gott herab zu den Menschen und zwischen den Menschen, vom Monarchen herab bis zum anspruchslosen Diener wird gutes Verhalten gegenüber allen gefordert. Die Rechte der Beamten, der Untergebenen, des Vaters und des Sohnes, des Freundes und des Feindes, von Mensch und Tier, kurz von allem und jedem sind bestimmt worden. Und es ist wiederum gefordert, diesen Verpflichtungen in der bestmöglichen Art und Weise nachzukommen. Selbst geringe und weniger wichtige Tugenden sind nicht vergessen. Der Heilige Prophet (Friede und Segnungen Allahs seien mit ihm) ging so weit zu sagen, daß, wenn ein Mensch seinen Bekannten mit einem lächelnden Gesicht begegnet, sie zu erfreuen, es als ein Akt moralischer Vorzüglichkeit für ihn gewertet werden wird, der ihn in den Augen Gottes des Vorzuges würdig macht. In einem anderen Zusammenhang ordnete er an, daß dornige, schlüpfrige oder stinkende Objekte oder Steine aus dem Weg geräumt werden sollen, damit ein anderer Bruder nicht darunter zu leiden brauche.

In Hinblick auf barmherziges Verhalten anderen gegenüber sagte er: »Jemand, der kein Mitleid für andere zeigt, würde es auch nicht von Gott verdienen.« Er war persönlich mit solch einem vorzüglichen sozialen Verhalten ausgestattet, daß er niemals eine Bitte um Hilfe abschlug, niemals zuerst die Hand von jemandem gehen ließ, sobald er sie ergriffen hatte.

war voll mitleidender Fürsorge für die Waisen und stand den Witwen bei, gewann seine Nachbarn durch freundliche Behandlung, pflegte die Ärmsten seiner Gefährten, wenn sie krank waren, und gab ihnen erneut Mut durch die Kraft seiner tröstenden Worte, voll von Mitgefühl und Liebe.

Eine arme alte Frau, die in Medina lebte, pflegte die Masjid-i-Nabi (die Moschee des Propheten) zu reinigen. Als der Heilige Prophet (Friede und Segnungen Allahs seien mit ihm) sie ein paar Tage nicht gesehen hatte, fragte er seinen Begleiter, ob sie gesund sei. Die Gefährten sagten ihm, daß sie nach kurzer Krankheit verstorben sei. Da sie befürchteten, daß es ihn erschüttern würde, verständigten sie ihn nicht über ihr Begräbnis. Darüber war er sehr traurig und beklagte sich, daß sie ihm nicht von ihrem Tod verständigt hatten. Und dann ging er, das Grab zu besuchen und für ihre Seele zu beten.

Bei einer Gelegenheit, wahrscheinlich ehe das Gebot für die Frauen, die Zurückgezogenheiet zu wahren, offenbart war, besuchte ihn ein Mann, als er bei seiner verehrten Frau Hazrat Ayesha war. Als er den Besuch empfing, bemerkte der Heilige Prophet (Friede und Segnungen Allahs seien mit ihm) zu Hazrat Ayesha, daß der Besucher kein guter Mann war. Doch als er zu ihm kam, sprach er mit ihm in einem herzlichen und versöhnlichen Ton. Als er wieder ging, bemerkte Hazrat Ayesha: ›Oh, Prophet Allahs, Du hast keine gute Meinung von ihm, und doch bist Du in Deiner Unterhaltung so freundlich zu ihm gewesen.‹ Der Heilige Prophet (Friede und Segnungen Allahs seien mit ihm) sagte: ›Ayesha! Ist es nicht meine Pflicht, mich in meinem Umgang mit den Menschen vorbildlich zu verhalten!‹

Ehe er den Islam annahm, war Abu Sufyan ein bitterer Feind des Heiligen Propheten (Friede Allahs und Seine Segnungen seien mit ihm). Aber als der Kaiser von Rom sich bei ihm über die Lehren des Heiligen Propheten (Friede und Segnungen Allahs seien mit ihm) für seine Anhänger erkundigte und fragte, ob er jemals ein Versprechen gebrochen oder das Vertrauen mißbraucht hätte, hatte Abu Sufyan nichts über den Heiligen Propheten (Friede und Segnungen Allahs seien mit ihm) zu sagen, als daß er die Verehrung von Idolen verboten habe und vorzügliches Verhalten lehre und daß er niemals den Vertrag gebrochen habe, den er mit ihnen gemacht hat.

Dieses vorbildliche Verhalten war nicht nur auf Menschen beschränkt. Er hatte ebenso die stummen Tiere in sein Mitfühlen mit einbeschlossen. Er wollte immer wieder seinen Gefährten einprägen:

›Es ist eine gute Tat, allen Lebewesen gegenüber Mitleid zu zeigen.‹

Einmal, als ein Kamel unter dem Gewicht übermäßiger Last kläglich stöhnte, war der Heilige Prophet (Friede und Segnungen Allahs eien mit ihm) tief bewegt und ging zu dem Tier, tätschelte mitfühlend seinen Kopf und sagte dem Besitzer, daß das stumme Tier sich über seine grausame Behandlung beklage und daß er es mit Rücksicht behanden solle, damit ihm Mitleid im Himmel entgegengebracht werde.

Das ist das Verhalten, das uns von unseren Propheten gelehrt wird. Aber es betrübt das Herz zu sehen, wie viele heutige Muslime so sorglos ihren sozialen Pflichten gegenüber sind.

(٣٣)

عَنِ ابْنِ عُمَرَ قَالَ قَالَ رَسُوْلُ اللّٰهِ صَلَّى اللّٰهُ عَلَيْهِ وَسَلَّمَ إِذَا أَتَاكُمْ كَرِيْمُ قَوْمٍ فَأَكْرِمُوْهُ

(ابن ماجة)

Hadith Nr. 33

Achte die ehrbaren Oberhäupter anderer Völker

Erzählt von Hazrat Ibn Omar
(Allah sei erfreut durch ihn)

»Es sagte der Prophete Allahs (Friede Allahs sei mit ihm und Seine Segnungen): ›Wenn die Führer eines Volkes euch einen Besuch abstatten, zeigt ihnen schuldigen Respekt.‹« (Ibne Majah).

Erklärende Bemerkung: Die wirksamsten Wege, gesunde Beziehungen zwischen Ländern, Nationen und Parteien zu fördern, sind gegenseitiges Achten und Ehren der Führer und Würdenträger. Unser Prophet (Friede und Segnungen Allahs seien mit ihm) legte hierauf großen Wert. Dieses Hadith ist eines von vielen, welche darauf hinweisen.

Meinungsverschiedenheiten pflegen zwischen Ländern und Nationen aufzutreten, wie sie zwischen den einzelnen Menschen auftreten. Um ihre Heftigkeit zu mildern, ist achtungsvolles gegenseitiges Verhalten das Beste. So übt respektvolle Haltung gegenüber den jeweiligen Führern beträchtlichen Einfluß aus. Der Heilige Prophet (Friede und Segnungen Allahs seien mit ihm) hat demgemäß geboten, daß, wenn immer Führer oder Würdenträger eines anderen Volkes oder einer anderen Partei Muslime besuchen, diese ihnen schuldigen Respekt entgegenbringen sollen, ungeachtet ihrer Religion und Rasse, und daß sie ihre Gastgeberpflichten ihnen gegenüber nicht vernachlässigen sollen. Dieser unschätzbare Befehl ist der beste Weg in Richtung auf Gastfreundschaft, gutes Verhalten und rechte Staatsführung.

Sein persönliches Beispiel in dieser Beziehung war dadurch gekennzeichnet, daß er, um sie zu ehren, besondere Kleidung anlegte, wenn fremde Botschafter kamen, obwohl er in der Regel einfach lebte und seine Kleidung und seine Ernährung keinen Hang zur Festlichkeit hatten. Er legte soviel Wert auf die Pflicht der Gastfreundschaft gegenübert fremden Delegationen, daß er noch auf seinem Sterbebett die respektvolle Behandlung besuchender Botschafter und Gesandter befahl. Einmal, als ein Botschafter sich ungehörig ihm gegenüber verhielt, sagte er ihm, daß er ihn nicht abweisen könne, da er der Vertreter eines fremden Volkes sei. Bei der Eroberung Mekkas verkündigte der Heilige Prophet (Friede und Segnungen Allahs seien mit ihm) Amnestie für diejenigen, die innerhalb ihrer eigenen Wohnungen blieben und nicht die Häuser anderer besuchen wollten, um Verschwörungen gegen die Muslime auszusinnen. Daraufhin sagte Abu Sufyan, der Führer der Mekkaner, daß er besondere Rücksicht verdiene, da er das Oberhaupt der Quraishiten sei. Seiner Bitte entgegenkommend sagte der Prophet, daß Abu Sufyans Haus für besondere Behandlung zu markieren sei und daß derjenige, der Asyl dort suche, so behandelt werden solle, als ob er Zuflucht in dem Haus des Heiligen Propheten selbst suchen würde.

Kurz: der Heilige Prophet (Friede und Segnungen Allahs seien mit ihm) zeigte äußersten Respekt den Führern anderer Völker gegenüber und gebot dieses auch seinen Begleitern. Diese Lehren allein können zum Weltfrieden und zur Reinigung der Herzen führen.

(٣٤)

عَنْ عَبْدِ اللهِ بْنِ عُمَرَ قَالَ قَالَ رَسُوْلُ اللهِ
صَلَّى اللهُ عَلَيْهِ وَسَلَّمَ اَعْطُوا الْاَجِيْرَ اَجْرَهُ
قَبْلَ اَنْ يَّجِفَّ عَرَقُهُ ۔ (ابن ماجة)

Hadith Nr. 34

Bezahle dem Arbeiter seinen Lohn noch ehe sein Schweiß trocken ist

Erzählt von Hazrat Abdullah Ibne Omar (Allah sei erfreut durch ihn)

»Es sagte der Prophet Allahs (Friede und Segnungen Allahs seien mit ihm), ›Bezahle dem Arbeiter seinen Lohn, noch ehe sein Schweiß trocken ist.‹« (Ibne Majah).

Erklärende Bemerkung: Der Heilige Prophet (Friede und Segnungen Allahs seien mit ihm) hat einerseits respektvolles Verhalten gegenüber den Führern und Gesandten anderer Völker geboten, und zum anderen den Rechten der Armen und Schwachen gebührende Beachtung geschenkt. Da die arbeitende Bevölkerung in der Regel die ärmste Schicht ist, hat er besondere Beachtung für ihre Rechte gefordert und die sofortige Bezahlung des Arbeitslohnes angeordnet. Er traf diese kluge Anordnung nicht nur, um die sofortige Bezahlung des Arbeitslohnes zu erreichen, was er damit bezweckte, war, die Aufmerksamkeit auf die Rechte der Armen und der arbeitenden Menschen im allgemeinen zu lenken. Indem er die Bezahlung des Lohnes an den Arbeiter als das Minimum seines Rechts zur Pflicht machte, forderte er indirekt zur Beachtung der größeren und wichtigeren Rechte der Arbeiter auf. Ein Reformer, der nicht mehr Verzögerung der Bezahlung des Arbeitslohnes erlaubt, als der Schweiß zum Trocknen braucht, wünscht bei der Bedeutung dieser Anordnung zweifellos auch die volle Bezahlung der Arbeiter unter gebührender Beachtung ihres Wohlbefindens und ist entfernt davon, sie über ihre Leistungskraft hinaus zu beanspruchen. Die Lehren des Propheten (Friede und Segnungen Allahs seien mit ihm) über die freundliche Behandlung von Hausangestellten und Gleichheit (welche vom Verfasser in seinen Einzelheiten im Band II und III seines Buches - Khataman Nabiyyin - behandelt worden sind) zeigen seine Sorge für das Wohlergehen der Armen und verdeutlichen, welch einen großen Befürworter sie in ihm hatten.

Es ist wahr, er erlaubte den Besitz privaten Eigentums, um die individuelle Initiative zu erhalten und jedem die Früchte seiner persönlichen Mühen zu sichern. Gleichzeitig jedoch lehrte er die Einrichtung von Zakat (einer Armensteuer), die Ächtung von Wucherzins und die Teilung des Vermögens unter die Erben, um eine genaue Regelung und Aufteilung des Reichtums zu erreichen. Und um Spuren von Bitterkeit, die durch ungerechte Verteilung entstanden, sofern noch welche geblieben waren, zu beseitigen, tröstete er die ärmeren Menschen, indem er ihnen sagte, daß sie, wenn sie fest im Glauben bleiben, 500 Jahre vor den Reichen in den Himmel eingelassen werden. Es ist klar, daß das kurze Leben dieser Welt nicht vergleichber ist mit dem ewigen Leben in der nächsten. Wieder tröstete er die Armen, als er an sie Worte richtete: Sie sollen sich vor Augen führen, daß er keine weltlichen Güter für sich selbst anschaffe und arm sei und somit einer von ihnen und mit ihnen sei und sein Stolz in seiner Besitzlosigkeit liege.

Gleichzeitig hatte der Heilige Prophet (Friede und Segnungen Allahs seien mit ihm) durch die Worte »ehe der Schweiß trocken ist« einen klaren Hinweis darauf gegeben, daß der Arbeitgeber, der in den Augen Gottes ehrenhaft ist, derjenige ist, der fleißig ist und nicht nur zur Schau arbeitet, noch in der Abwesenheit des Auftraggebers nachlässig wird oder unehrenhaft ist. Denn wenn es auf der einen Seite die Pflicht des Dienstherrn ist, dem Arbeiter in vollem Umfang und ohne Vorzug seinen Lohn zu geben und seine Rechte anzuerkennen, ist es gleichermaßen die Pflicht des Arbeiters, seine Ehrenhaftigkeit und seinen Sinn für Pflicht zu zeigen, indem er mit vollen Kräften seine Arbeit tut. Dies ist der goldene Mittelweg, welcher allein dazu dient, auf fester Grundlage echten Frieden zwischen Arbeiter und Auftraggeber, dem Meister und dem Diener, zu schaffen.

(٣٥)

عَنْ اَبِيْ هُرَيْرَةَ رضـ قَالَ قَالَ رَسُوْلُ اللّٰهِ صَلَّى اللّٰهُ
عَلَيْهِ وَسَلَّمَ شَرُّ الطَّعَامِ الْوَلِيْمَةُ يُدْعٰى
لَهَا الْاَغْنِيَاءُ وَيُتْرَكُ الْفُقَرَآءُ وَمَنْ تَرَكَ
الدَّعْوَةَ فَقَدْ عَصَى اللّٰهَ وَرَسُوْلَهُ (بخاری)

Hadith Nr. 35

Das schlechteste Fest ist das, zu dem nur die Reichen eingeladen werden

Erzählt von Hazrat Abu Hurairah (Allah sei erfreut durch ihn)

»Es sagte der Prophet Allahs (Friede und Segnungen Allahs seien mit ihm): ›Das schlechteste Fest ist das, zu dem die Reichen eingeladen werden und von dem die Armen ausgeschlossen sind. Und wer seine Einladung (zu einer Mahlzeit) ablehnt, wahrlich, er sündigt gegen Gott und ist ungehorsam Seinem Propheten gegenüber.‹« (Bukhari).

Erklärende Bemerkung: Die sozialen Trennungen, die die gegenseitigen Rivalitäten und Klassenverfeindungen fortsetzen und vertiefen, indem sie die Reichen und die Armen in zwei verschiedene Lager teilen, sind die unangenehmsten Merkmale unserer Zeit. Islam hat sich auf das äußerste bemüht, den Klassenkampf zu beseitigen und die gefühlsmäßigen Verfeindungen auszugleichen. Der erste Schritt in diesem Zusammenhang ist die Tatsache, daß durch die Bruderschaft alle Menschen auf eine Stufe gestellt werden. Es ist auch nicht erlaubt, daß öffentliche, gewinnbringende Ämter das Monopol einer bestimmten Klasse werden, und es ist angeordnet, daß sie für alle offen sind und Ernennungen auf Grund von Verdiensten, ungeachtet der Kaste, des Stammes, von Armut oder Reichtum getroffen werden sollen.

Um soziale Kontakte zwischen den Reichen und den Armen zu fördern und sie in eine Familie zu verschmelzen, hat der Heilige Prophet (Friede und Segnungen Allahs seien mit ihm) außerdem angeordnet, daß die Reichen auch die Armen einladen sollen, wenn sie ein Fest veranstalten, und wenn sie von den Armen zum Essen eingeladen werden, sie nicht ablehnen, sondern der Einladung nachkommen sollen. Das Hadith betont in dieser Beziehung die erhabenen Worte des Heiligen Prophetes (Friede und Segnungen Allahs seien mit ihm). Er sagte in leidenschaftlichem Ton: das schlechteste Fest ist das, von dem die Armen ausgeschlossen sind. Gleichzeitig warnt er die Reichen, daß es ihnen nicht erlaubt ist, die Einladung eines Armen wegen seiner Armut auszuschlagen. Der Muslim, der es doch tut, ›sündigt gegen Gott und ist Seinem Propheten gegenüber ungehorsam.‹ In einem anderen Hadith sagt er:

›Wenn ein armer Mann mich zu einem Essen von gekochten Ziegenfüßen einlädt, nehme ich die Einladung an.‹

Im Zusammenhang mit einem anderen Hadith ist berichtet, daß Hazrat Abu Bakr (Allah sei erfreut durch ihn) einmal aus Versehen die Gefühle Hazrat Bilals (Allah sei erfreut durch ihn) und einiger anderer armen Muslime verletzte. Als der Heilige Prophet (Friede und Segnungen Allahs seien mit ihm) davon hörte, sagte er Hazrat Abu Bakr (Allah sei erfreut durch ihn), er solle die Herzen derjenigen, die bedrückt sind, wieder aussöhnen, denn im ›Friedensschluß ihrer Herzen läge die Freude Gottes‹. Hazrat Abu Bakr (Allah sei erfreut durch ihn) ging sofort zu ihnen und bat seine Brüder, ihm zu vergeben, da er nicht beabsichtigt hatte, sie zu kränken. Kann eine unangenehme Stimmung in einer echten muslimischen Gemeinschaft angesichts dieser Lehren auftauchen? Niemals. Es ist unser eigner Fehler, wenn wir, durch Mißachtung der islamischen Lehren, das Wachstum rivalisierender Lager in unserer Sozialstruktur fördern.

(٣٦)

عَنْ عَبْدِ اللهِ بْنِ عُمَرَؓ اَنَّ رَسُوْلَ اللهِ صَلَّى اللهُ
عَلَيْهِ وَسَلَّمَ قَالَ وَهُوَ عَلَى الْمِنْبَرِ وَهُوَ يَذْكُرُ
الصَّدَقَةَ وَالتَّعَفُّفَ عَنِ الْمَسْئَلَةِ اَلْيَدُ الْعُلْيَا
خَيْرٌ مِّنَ الْيَدِ السُّفْلٰى - (مؤطّا امام مالك)

Hadith Nr. 36

Die obere Hand ist besser als die untere

Erzählt von Hazrat Abdullah bin Omar
(Allah sei erfreut durch ihn)

»In einer Predigt von der Kanzel schärfte der Heilige Prophet (Friede und Segnungen Allahs seien mit ihm) einst Mildtätigkeit ein, riet aber zur gleichen Zeit vom Betteln ab und bemerkte, daß die obere Hande (›die des Gebenden‹) besser sei als die untere Hand (›die des Nehmenden‹).« (Mo'ta Imam Malik).

Erklärende Bemerkung: Von allen möglichen Krankheiten, die durch Armut und Not hervorgerufen werden, sind Betteln, Mutlosigkeit und lebenslängliche Abhängigkeit von allen anderen die schlimmsten, die den Armen ergreifen können. Wenn ein hilfloser Mensch den Reichen im Überfluß leben sieht, überfallen ihn einerseits Mutlosigkeit und Minderwertigkeitsgefühl, und zum anderen verfällt er der Angewohnheit, Unterstützung von dem Reichen zu erbitten, um seine Verhältnisse zu verbessern. Unser Prophet (Friede und Segnungen Allahs seien mit ihm) erkannte in seiner Weitsichtigkeit diese mögliche Gefahr, und seine Seele war nicht ruhig, bis er nicht gegen diese Bedrohung Vorsorge getroffen hatte. Seine Anweisungen daraufhin sind voll von Bemerkungen, die seine Abscheu dem Betteln gegenüber zeigen und den Armen befehlen, für ihren Lebensunterhalt zu arbeiten, und die das Betteln verbieten. Dieses Hadith ist eines von vielen über diese Angelegenheit.

In dieser Überlieferung sagt der Heilige Prophet (Friede und Segnungen Allahs seien mit ihm), daß, während es die Pflicht der Reichen ist, den armen Brüdern zu helfen, die Armen gleichwohl sich vom Betteln zurückhalten und sich würdevoll verhalten sollen. Um in ihnen das Gefühl von Selbstachtung zu wecken, verkündete er: ›Die obere Hand (d.h. die Hand des Gebenden) ist besser als die untere Hand (die Hand des Nehmenden).‹ In dieser wichtigen Aussage hat er in der Tat solch einen starken Geist von Selbstachtung und Würde angedeutet, daß es eine ganze Reihe von Bänden einnehmen würde, wollte man ihn im einzelnen erklären.

Die Gemeinschaft seiner Gefährten schenkte dieser Bemerkung des Heiligen Propheten (Friede und Segnungen Allahs seien mit ihm) höchste Beachtung. In diesem Zusammenhang sagte Hazrat Hakim bin Hazam (Allah sei erfreut durch ihm), daß– er nach dieser Anordnung des Heiligen Propheten (Friede und Segnungen Allahs seien auf ihm), niemals mehr von irgendjemanden Hilfe beanspruchte. Ihm war ein bestimmtes Gehalt vom Khalifen zugesichert, aber er gab es immer wieder zurück mit der Begründung, daß er nicht Wohltätigkeit empfangen, sondern sich in dem Sinne, wie es der Heilige Prophet (Friede und Segnungen Allahs seien mit ihm) angeordnet hatte, verhalten wolle. Hazrat Ali (Allah sei erfreut durch ihn), ein Vetter des Heiligen Propheten (Friede und Segnungen Allahs seien mit ihm), sein Schwiegersohn und vierter Khalifa des Islams nach dem Heiligen Propheten (Friede und Segnungen Allahs seien mit ihm), kam aus einer hoch angesehenen Familie des Stammes Quraish. Nach der Flucht nach Medina pflegte er eine Axt zu nehmen, in die Wildnis zu gehen, Feuerholz zu schlagen und es auf dem Markt zu verkaufen, um zu leben und nicht irgend jemanden um Hilfe zu bitten. Hazrat Abu Hurairah (Allah sei erfreut durch ihn), ein bekannter Gefährte des Heiligen Propheten (Friede und Segnungen Allahs seien mit ihm) mußte oft tagelang ohne Essen leben, aber er bettelte niemals. Einmal, als er hungerte, fragte er Hazrat Abu Bakr (Allah sei erfreut durch ihn) und später auch Hazrat Omar (Allah sei erfreut durch ihn) nach der Bedeutung des Qur-ân-Verses, der sich auf die Anordnung, den Hungernden zu essen zu geben, bezog. Aber beide, Hazrat Abu Bakr und Hazrat Omar (Allah sei erfreut durch sie), begriffen seine Anspielung nicht und gingen weiter, nachdem sie die übliche Erklärung gegeben hatten. Zufällig erfuhr der Heilige Prophet (Friede Allahs sei mit ihm und Seine Segnungen) von dieser Unterhaltung. Er rief in sehr herzlicher Weise nach Abu Hurairah (Allah sei erfreut durch ihn), und sagte, es scheine, daß er Hunger habe, und er solle doch zu ihm kommen. Dann gab er ihm etwas Milch zu trinken. Es gibt noch eine andere Begebenheit von noch vorzüglicherer Art; sie steht in Zusammenhang mit einem anderen hervorragenden Gefährten, dessen Peitsche herunterfiel, als er ritt. Es gingen einige Leute zu Fuß neben ihm. Er bat niemanden um Hilfe, sondern stieg vom Pferd, um die Peitsche aufzuheben. Als ein Begleiter ihn fragte, warum er niemanden gebeten habe, sie ihm zurückzugeben, hinzufügend, sie hätten ihm doch den Gefallen getan, antwortete er, daß der Prophet Allahs (Friede

Allahs sei mit ihm und Seine Segnungen) ihnen verboten habe, nach Wohltätigkeit anderer zu streben. Wenn er sie gebeten hätte, seine Peitsche für ihn aufzuheben, hätte es nahe an Bettelei gegrenzt.

Kurz: die Gefährten des Heiligen Propheten (Friede Allahs sei mit ihm und Seine Segnungen) setzten durch ihre Haltung ein solches Beispiel für Selbstachtung, Genügsamkeit und Würde, daß die Geschichte keine Parallele aufzuweisen hat. Es zeichnet die Größe der Lehren des Heiligen Propheten (Friede Allahs sei mit ihm und Seine Segnungen) aus, daß er auf der einen Seite die Wohlhabenden anleitete, keine Bitte um Hilfe abzuschlagen, zum andern aber den Armen gebot, ein ehrenhaftes Leben zu führen und vom Betteln abzusehen.

Die beiden Gebote sind offenbar Gegensätze in ihrer Beziehung, aber in Wahrheit liegt in ihrem Ausgleich die Basis für treue Bruderschaft der Reichen und Armen.

(۳۷)

عَنْ سَعْدِ بْنِ اَبِیْ وَقَّاصٍ قَالَ جَاءَ النَّبِیُّ
صَلَّی اللّٰهُ عَلَیْهِ وَسَلَّمَ یَعُوْدُنِیْ وَاَنَا بِمَکَّةَ فَقَالَ
اِنَّكَ اِنْ تَذَرْ وَرَثَتَكَ اَغْنِیَآءَ خَیْرٌ مِّنْ اَنْ
تَذَرَهُمْ عَالَةً یَتَکَفَّفُوْنَ النَّاسَ - (بخاری)

HADITH NR. 37

Hinterlasst eure Erben in guten Verhältnissen
Erzählt von Hazrat Sa'ad bin Abi Viqas
(Allah erfreut sei erfreut durch ihn)

»Als ich in Mekka krank wurde und der Prophet Allahs (Friede Allahs und Seine Segnungen seien mit ihm) zu mir kam, sich nach meinem Zustand zu erkundigen, sagte er: ›Es ist besser, du hinterläßt deine Erben in Reichtum als in Not, in der sie die Hilfe der anderen brauchen.‹« (Bukhari).

Erklärende Bemerkung: Der Heilige Prophet (Friede und Segnungen Allahs seien mit ihm) machte die vorangegangene Bemerkung, als ein naher Gefährte, Hazrat Sa'ad bin Abi Viqas (Allah sei erfreut durch ihn) während seiner Reise nach

Mekka krank wurde und, da er fürchtete, daß sein Ende nahe sei, zum Heiligen Propheten (Friede und Segnungen Allahs seien auf ihm) den Wunsch äußerte, sein ganzes Vermögen der Sache Allahs zu vermachen. Der Heilige Prophet (Friede und Segnungen Allahs seien mit ihm) sagte, daß es weitaus zuviel sei und daß er es nicht erlauben könne. Danach schlug Hazrat Sa'ad vor, zwei Drittel seines Vermögens dafür zu vermachen. Der Heilige Prophet erlaubte auch das nicht. Am Ende bat Hazrat Sa'ad (Allah sei erfreut durch ihn), ein Drittel geben zu dürfen. Während er ihm dies erlaubte, bemerkte der Heilige Prophet (Friede und Segnungen Allahs seien mit ihm), daß es besser sei, wenn er seine Erben in guten Verhältnissen hinterlasse als in schlechten, in denen sie gezwungen sind, die Hilfe anderer zu erbitten.

Diese Bemerkung zeigt, daß der Islam zum Vorausdenken anleitet und die Wichtigkeit materieller Mittel in dringenden Fällen anerkennt. Sie erlaubt einem Muslim nicht, sein ganzes Vermögen der religiösen Sache zu vermachen und so die Rechte Seiner Nachkommen außer acht zu lassen, indem er die Erben ihres Teiles beraubt und sie zwingt, nach seinem Tode betteln zu gehen.

Bedauerlicherweise haben die Muslime von heute eine irrige Auffassung von *tawakkal* (d.h. Vertrauen auf Gott); in ihren Augen läuft es darauf hinaus, die Sachen in Gottes Hand zu lassen, sich selbst aber zurückzuhalten, in diesem Zusammenhang irgendwelche Anstrengungen zu machen. Das islamische tawakkal läßt diese Interpretation jedoch nicht zu. Das wahre Islamische tawakkal besteht im Gegenteil darin, alle nötigen Schritte in eigener Initiative zu tun und gleichzeitig sein Vertrauen in Gott zu setzen, in dem festen Glauben, daß trotz all der von einem unternommenen Pläne der eigentlichen Schlüssel zum Erfolg und Segen allein bei Gott liegt. Dies ist schwer zu verstehen; tatsächlich scheint es auf den ersten Blick widerspruchsvoll zu sein. Doch in

Wahrheit besteht das islamische tawakkal einerseits in der Ausführung aller nötigen Maßnahmen und zum anderen im Glauben, daß alles in der Hand Gottes ist und daß das, was Er will, sich unvermeidlich ereignet. Etwas Nachdenken wird deutlich machen, daß es keinen Widerspruch darin gibt. Denn wenn Gott allein der einzige Schöpfer, Lenker und Herr von gutem und bösem Verlauf ist und von Besitz an Dinge und Sachen, dann ist nicht der geringste Zweifel, daß trotz der offenbaren Mühen, die wir machen, die letztliche Entscheidung über das Ergebnis unserer Anstrengungen in Seiner Hand bleibt. Eine in diesen Zusammenhang passende Überlieferung berichtet von einem Beduinenhäuptling, der zufällig den Heiligen Propheten (Friede und Segnungen Allahs seien mit ihm) einmal besuchte und in der Eile, den Heiligen Propheten (Friede und Segnungen Allahs seien mit ihm) zu treffen, sein Kamel unangebunden draußen vor der Moschee des Propheten ließ. Als er nach seinem Treffen mit ihm herauskam, war die Kamelstute davongelaufen. In großer Bestürzung ging er zurück, berichtete dem Heiligen Propheten (Friede und Segnungen Allahs seien mit ihm), wie er seine Kamelstute der Sorge Allahs anvertraut habe und wie er nach seiner Rückkehr von dem Besuch bei ihm entdeckte, daß sie davongelaufen war. Der Heilige Prophet (Friede und Segnungen Allahs seien mit ihm) bemerkte: ›...Binde sie erst an und dann überlasse sie der Sorge Gottes.‹

Kurz: überblicken wir dieses Hadith, so hat der Heilige Prophet (Friede und Segnungen Allahs seien mit ihm) auf der einen Seite gelehrt, daß Eltern die Voraussicht und Weisheit haben sollen, soweit es in ihrer Macht liegt für den Unterhalt ihrer Kinder zu sorgen und ihre Diener nicht unversorgt zu lassen und Vorsorge für ihr ehrbares Leben zu treffen, und zum andern deutet er im Laufe dieses Hadith nebenbei an, daß das Vertrauen auf offenstehende weltliche Mittel in diesem Zusammenhang nicht auf jeden Fall gegen den Sinn und Geist von tawakkal sprechen. Man soll deshalb zuerst alle nötigen Maßnahmen, soweit dies in der eigenen Macht liegt und es die eignen Mittel erlauben, selbst ergreifen, und dann den Ausgang Gott überlassen. Ohne Zweifel ist es, wie ich oben angeführt habe, ein sehr schwerer Stand, denn der Mensch ist durch seine Schwachheit geneigt zu übertreiben; er wird entweder so sehr abhängig von seinen eignen Bemühungen, daß er sie zu seinem Gott macht oder in äußerster Verachtung dieser richtet er alle Hoffnung auf Gott, so sehr, daß er glaubt, daß trotz seiner vollständigen Verwerfung der materiellen Wege, die Gott eröffnet hat, Er nichtsdestoweniger von den Hohen Himmels herabkommt, all seine Angelegenheiten persönlich zu regeln. Doch in Wahrheit sind beide diese Standpunkte unhaltbar und dem Geist der Islamischen Lehre entgegengesetzt. Die wahre Ableitung, der die Frommen zu jeder Zeit gefolgt sind, liegt in der Beherzigung des Satzes: »Binde dein Kamel erst an und dann überlasse es der Sorge Gottes.«

(٣٨)

عَنِ ابْنِ عُمَرَ ؓ قَالَ سَمِعْتُ رَسُوْلَ اللّٰهِ صَلَّى
اللّٰهُ عَلَيْهِ وَسَلَّمَ يَقُوْلُ كُلُّكُمْ رَاعٍ وَكُلُّكُمْ
مَسْئُوْلٌ عَنْ رَّعِيَّتِهٖ (بخاری)

Hadith Nr. 38

Jeder Mensch ist ein Herrscher und wird wegen seines Verhaltens seinen Untergebenen gegenüber zur Verantwortung gezogen

Erzählt von Hazrat Ibne Omar (Allah sei erfreut durch ihn)

»Ich hörte den Propheten Allahs (Segnungen Allahs seien mit ihm und Sein Friede) sagen: ›Jeder von euch ist ein Herrscher und wird verantwortlich sein hinsichtlich seiner Untergebenen.‹« (Bukhari).

Erklärende Bemerkung: Jeder Mensch hat Rechte und besitzt ebenso entsprechende Verpflichtungen. Der Heilige Prophet (Friede und Segnungen Allahs seien mit ihm) hat durch dieses Hadith die Aufmerksamkeit auf diese beiden Punkte gelenkt. Der Heilige Prophet (Friede und Segnungen Allahs seien mit ihm) hat bemerkt, daß jeder Mensch, obwohl er in mancher Beziehung ein Untergebener ist, in anderer Beziehung ein Herrscher ist. Jemand, der im Büro beschäftigt ist, ist vielleicht abhängig von einem höheren Beamten. Aber der gleiche Mensch kann daheim bei Weib und Kindern der Herrschende sein. Eine Frau, obwohl sie sich der Liebe ihres Mannes erfreut, ist abhängig von ihrem Mann in Beziehung der Haushaltsführung. Doch gleichzeitig hat sie die Autorität inne über das Eigentum ihres Mannes, das sie in ihrer Obhut hat. Der König und der Sklave, der General und der einfache Soldat, und alle andern sind alle in ihrer entsprechenden Sphäre sowohl Herrscher als auch Untergebene. Der König ist der Herrscher all seiner Untertanen, aber er ist gleichzeitig Diener Gottes oder mit anderen Worten abhängig von dem Gesetz Gottes. Das gleiche trifft zu für den Rest der Beamten und Untergebenen; sie sind Herrscher in einem Fall und Abhängige im anderen Fall. Und der Bemerkung des Heiligen Propheten (Friede und Segnungen Allahs seien mit ihm) zufolge werden alle hinsichtlich ihrer Untergebenen und ihrer entsprechenden Bereiche Rechenschaft ablegen müssen, ob sie ihnen ihre Rechte zugestanden haben. Wenn wir innerhalb dieses Verlaufs zur letzten Person kommen (zu dem niedrigsten unter ihnen) und wir offenbar keinen unter ihm finden, so können wir die Entdeckung machen, daß er in Wirklichkeit doch der Herrscher über eine Person ist, nämlich über sein eigenes Selbst, über das er volle Autorität hat. Er wird deshalb Antwort geben müssen, wie weit er seine Pflicht seinem Selbst gegenüber getan hat. Der Heilige Prophet (Friede und Segnungen Allahs seien mit ihm) hat, kurz gesagt, jeden angewiesen, zu welchem Teil der Gesellschaft er auch gehören mag, in der einen oder der anderen Beziehung, Herrscher zu sein und deshalb Antwort zu geben über die Verpflichtungen in diesem Zusammenhang. Dieses Hadith ist gleichzeitig ein Bringer froher Botschaft für die Menschen und stärkt sie mit Mut für jedwede Station in ihrem Leben; jeder von ihnen ist, in einer Beziehung wenigstens, ein Herrscher und hat guten Grund, deshalb Gott gegenüber dankbar zu sein, dafür, daß Er ihm eine Stellung in Seinem ewigen Königreich zugesichert hat, und wenn jemand Ihm dankt, kann er von der bestehenden Sphäre des Herrschers zu einer höheren und besseren Stellung aufsteigen. Kurz: diese schöne Zusammenstellung von Rechten und Pflichten ist beides, eine frohe Botschaft für die Menschen und eine Warnung. Es ist frohe Botschaft in dem Sinne, daß Herrschaft ein Geschenk Gottes ist – und eine Warnung, da jeder Herrschaft ein gut Teil Pflichten obliegt. Der gute Muslim ist deshalb derjenige, der dankbar für die gute Botschaft zukünftiger Gnade ist und der wachsam in bezug auf seine gegenwärtigen Verpflichtungen bleibt; denn in dieser Haftung liegt das ewige Geheimnis menschlichen Fortschritts.

(٣٩)

عَنْ اَنَسٍ قَالَ قَالَ رَسُوْلُ اللّٰهِ صَلَّى اللّٰهُ
عَلَيْهِ وَسَلَّمَ طَلَبُ الْعِلْمِ فَرِيْضَةٌ عَلٰى كُلِّ
مُسْلِمٍ وَّمُسْلِمَةٍ (ابن ماجة)

Hadith Nr. 39

Nach Wissen zu sterben, ist die Pflicht jedes muslimischen Mannes und jeder muslimischen Frau

Erzählt von Hazrat Anas bin Malik
(Allah sei erfreut durch ihn)

»Es sagte der Prophet Allahs (Friede und Segnungen Allahs seien mit ihm): ›Es ist die Pflicht jedes muslimischen Mannes und jeder muslimischen Frau, nach Wissen zu streben.‹« (Ibne Majah).

Erklärende Bemerkung: Da der Islam in dem klaren, von Gott offenbarten Wissen in Form des vollendeten Gesetzes seine Grundlage hat und seine Ansichten mit der überzeugenden Kraft der Beweisführung äußert, legt er mit gutem Recht besonderen Wert auf die Erwerbung von Wissen. Diese ist eine der vielen Ahadith, durch welche der Heilige Prophet (Friede und Segnungen Allahs seien mit ihm) den Muslimen, Männern sowohl als Frauen, einschärft, sich Wissen anzueignen. Er legte soviel Wert darauf, daß er, einem anderen Hadith zufolge, gesagt hat: »Strebe nach Wissen, selbst wenn du zu diesem Zweck bis nach China gehen müßtest.« Es sollte bedacht werden, daß bei den damaligen Verhältnissen China nicht nur das von Arabien entfernteste Land war, sondern auch der Weg dahin voll von großen Gefahren und eine Reise dahin mit äußersten Gefahren und großen Strapazen, ganz abgesehen von außergewöhnlichen Kosten, verbunden war. Der Heilige Prophet (Friede und Segnungen Allahs seien mit ihm) hat, durch die Erwähnung Chinas als Beispiel, den Wert des Wissens stark hervorgehoben, um den Gläubigen die Notwendigkeit des Lernens, trotz größter Härten und hindernder Entfernungen, einzuschärfen. Die frühen Muslime reisten demzufolge, wie die Geschichte zeigt, Hunderte von Meilen und unterzogen sich schweren finanziellen Belastungen, nur um ein Hadith des Heiligen Propheten (Friede und Segnungen Allahs seien mit ihm) von seinen Gefährten zu hören. Als ein Mann, nachdem er Hunderte von Meilen gereist war, von Medina nach Damaskus kam, hörte er von Hazrat Abu Darda (Allah sei erfreut durch ihn) eine Überlieferung vom Heiligen Propheten (Friede und Segnungen Allahs seien mit ihm). Abu Darda erzählte ihm dieses Hadith und fügte hinzu, er haben den Heiligen Propheten (Friede und Segnungen Allahs seien mit ihm) sagen gehört, daß Allah demjenigen, der eine Reise unternähme, um Wissen zu erwerben, den Weg ebnen, zur gleichen Zeit aber auch den Weg zum Paradies öffnen würde. In einem anderen Hadith hat der Heilige Prophet (Friede und Segnungen Allahs seien mit ihm) bemerkt, daß ein Mensch mit Wissen im Vergleich mit einem anbetenden Menschen, dem Wissen mangelt, dem Vollmond im Vergleich zu einem Sterne gleichkommt. In noch einem anderen Hadith sagt der Heilige Prophet (Friede und Segnungen Allahs seien mit ihm), daß ein Mensch mit Wissen bei weitem tausend Anbetende gegen Satan aufwiegt. Eine andere Überlieferung des Heiligen Propheten (Friede und Segnungen Allahs seien mit ihm) enthält den Satz:

›Die Wissenden, die auch noch fromm sind, stellen das kostbarste Gut meines Volkes dar.‹ In noch einem anderen Hadith hat der Heilige Prophet (Friede und Segnungen Allahs seien mit ihm) bemerkt, daß die wissenden Ulema die Erben des Propheten sind. Aber wie im Heiligen Qur-ân gesagt ist, wahres Wissen muß von Rechtschaffenheit, Frömmigkeit und guten Taten begleitet sein, anderenfalls ist es nicht mehr wert als das Gepäck auf dem Rücken eines Esels.

Kurz: Der Islam legt dem Streben nach Wissen größte Bedeutung bei. Echtes Lernen kommt im Wert dem Glauben am nächsten. Außerdem ist Wissen als grenzenlos erklärt worden. Daher die Anweisung, daß, je mehr man nach Wissen strebt, je mehr solle man suchen, es zu vertiefen. Selbst dem Heiligen Propheten (Friede und Segnungen Allahs seien mit ihm), dem Gipfel der Schöpfung, dem Lehrer der Welt und dem Größten der Propheten, ist von Allah, dem Vollkommenen, das folgende Gebet im Heiligen Qur-ân gelehrt worden: »Sprich: Gott, gewähre mir zunehmendes Wissen.«

Wie schon innerhalb dieses Hadith klar gemacht ist, hat der Heilige Prophet (Friede und Segnungen Allahs seien mit ihm) nicht nur den Männern das Streben nach Wissen befohlen, sondern gleichzeitig auch den Frauen. Es ist bedauerlich, daß trotz dieser deutlichen Anordnung die Bildung von Muslimfrauen und Männern, weit entfernt davon, höher zu sein als die anderer Völker, vergleichsweise sehr arm und niedrig ist. Vor der Teilung Indiens war der Prozentsatz von Gebildeten innerhalb der Muslime der niedrigste von allen – Hindus,

Sikhs, den ausländischen Chrtisten und Persern. Diese Zurschaustellung der Unwissenheit paßt schlecht zu einem Volk, das Ergebenheit dem Gelehrtesten der Welt-Reformer (Friede und Segnungen Allahs seien mit ihm) schuldet. Es ist höchste Zeit, daß die Muslime ihrer Verpflichtung nachkommen und anfangen, nicht nur die anderen Menschen zu führen, sondern auch zu übertreffen in beidem, weltlichen und religiösem Unterricht.

(٤٠)

عَنْ اَبِيْ هُرَيْرَةَ ؓ قَالَ سَمِعْتُ رَسُوْلَ اللّٰهِ صَلَّى اللّٰهُ
عَلَيْهِ وَسَلَّمَ يَقُوْلُ كَلِمَةُ الْحِكْمَةِ ضَالَّةُ الْمُؤْمِنِ
فَحَيْثُ مَا وَجَدَهَا فَهُوَ اَحَقُّ بِهَا ۔ (ترمذی)

Hadith Nr. 40

Jede Wahrheit ist verlorenes Eigentum eines Muslim

Erzählt von Hazrat Abu Hurairah (Allah sei erfreut durch ihn)

»Ich hörten den Propheten Allahs (Friede und Segnungen Allah's seien mit ihm) sagen: ›Alles Wissen ist das verlorene Eigentum eines Muslims, so wo immer er es findet, soll er es aufnehmen, da er am meisten dazu berechtigt ist.‹« (Tirmizi).

Erklärende Bemerkung: Dieses bezaubernde Hadith, welches das letzte dieser Sammlung ist, enthält einen wunderbaren Hinweis auf die Art, Wissen zu erwerben. Wissen ist nicht eine begrenzte Sache, die innerhalb der vier Wände der Schule, oder durch die Ansprache in der Moschee oder in der

Versammlung der Gelehrten angeeignet, noch aus Zeitungen oder durch das Studium von Büchern gesammelt werden kann. Im Gegenteil ist es etwas Unermeßliches und jemand, der mit offenen Augen und Ohren durch das Leben geht, kann es überall auf der Erde und im Universum finden. Für den wahren Wahrheitssucher sind die Erde und der Himmel, die Sonne, der Mond, die Sterne und die Planeten, die Wälder und die Berge, die Flüsse und die Seen, die Städte und die Einöden, der Weise und der Dumme, Menschheit und Tierwelt, Männer und Frauen, die Kinder und die Alten, die Gelehrten und die Unwissenden, der Freund und der Feind, alle ein offenes Buch, um daraus zu lernen, wobei er den Schatz seines Wissens nach seinem besten Vermögen und Anstrengungen bereichern kann. Deshalb hat unser Prophet (Friede und Segnungen Allahs seien mit ihm) gesagt, daß alles Wissen das verlorene Eigentum eines Muslims ist und daß er es erwerben soll, wo immer er es findet. Er soll seinen Geist und sein Herz offen halten, so daß keine Möglichkeit, etwas zu lernen, ihm entgehen kann. Zu dieser Ausdehnung des Wissens führt das Hadith. Es ist eine einfache Wahrheit, daß ein kluger Mensch mit offenem Herzen und klaren Augen auch von einem Kind etwas lernen kann. Es ist überliefert, daß einmal Imam Abu Hanifa (Gnade Allahs sei mit ihm), als er ein Kind in Regen und Schmutz spielen sah, es warnte, auf seine Schritte acht zu geben, sonst könnte es fallen. Das Kind drehte sich um und gab zurück: daß der Imam besser auf seine eignen Schritte achten solle, denn wenn er falle, der eine göttliche Führung darstellen solle, müsse die ganze Welt nachfolgen, während im Fall des Kindes dieses Fallen nur die eigne kleine Person beträfe.

Imam Abu Hanifa hatte einen höchst wachen Geist, der feinste Dinge wahrnahm. Er erkannte die Weisheit der kindlichen Bemerkung gern an.

Im Zusammenhang mit diesem Hadith muß daran erinnert

werden, daß das verwendete Wort (Dhalla) in seiner Bedeutung die feine Anspielung enthält, daß jegliche Weisheit, die ein Muslim zufällig erfährt, ob er nun vorher davon gewußt hat oder nicht, eigentlich seinen Ursprung im Islam hat; deshalb ist es so zu deuten, daß es eigentlich das Eigentum des wahren Gläubigen war; aber da es seinem Blicke bislang verborgen war, war es außerhalb seiner Herrschaft. Deshalb ist es Recht des Gläubigen, es sich anzueignen, wo immer er es findet; nicht, weil er die Chance bekommen hat, sich das Eigentum anderer anzueignen, sondern weil ihm sein eignes, verlorengegangenes Eigentum zurückgegeben wird. Aus dem gleichen Grund hat der Heilige Prophet (Friede und Segnungen Allahs seien mit ihm) dem Wort Dhalla (d.h. das verlorene Eigentum) die Bemerkung Ahaho beba hinzugefügt: ›er hat zuerst ein Recht darauf.‹ Mit anderen Worten: die Gläubigen haben weitaus größeren Anspruch darauf, obwohl andere das Wissen innehaben. Eine kleine Betrachtung wird erhellen, daß im wahren Islam die ursprüngliche Quelle aller Wahrheiten und Weisheiten liegt, wie es der Heiligen Qur-ân erklärt: ›darin alle ewigen Wahrheiten sind.‹ Es ist bedauerlich, daß so wenige das erkennen und Nutzen daraus ziehen.

Es ist so, daß alles was der Heilige Prophet (Friede Allahs sei mit ihm und Seine Segnungen) gesagt hat, eingehende Darstellungen der Lehren des Qur-ân sind. Aber es ist einleuchtend, daß das, was er darin entdeckte, niemand außer ihm sehen konnte noch in Zukunft würden. Mit göttlichem Auftrag und himmlischer Hilfe hat er in den Ahadith dargelegt, was in den verborgenen Tiefen des Heiligen Qur-ân verborgen lag. Und wie das materielle Universum die physischen Bedürfnisse der Menschen von Adams Tagen an zu jeder Zeit befriedigte, so ist gleichzeitig der Schatz des Heiligen Qur-ân unbegrenzt in seinen Gaben geistiger Nahrung, die nie in Gefahr kommen, erschöpft zu sein. Genau aus diesem Grund sagt Allah, der Höchste, daß dort mit Ihm (im

Qur-ân) Schätze geistiger Weisheit sind und Wissen jeder Art, das Er ihnen in einem bestimmten Maß als Antwort auf die Erfordernisse offenbart. Es ist kaum Widerspruch darin, daß jede Wahrheit und jedes Körnchen Weisheit doch das verlorene Eigentum des Gläubigen ist, da sein Same schon im Heiligen Qur-â̂, dem ausschließlichen Schatz der Muslime, verborgen ist, davon ob er für den Wert des Schatzes empfänglich ist oder nicht.

Möge die Welt den Wert des Qur-ân würdigen und möge sie den Wert der Juwelen erkennen, der in den Ahadith verborgen liegt, die unser Prophet (Friede und Segnungen Allahs seien mit ihm) für unsere Führung und Wohlfahrt als Deutung des Heiligen Qur-ân uns gelehrt hat.

Und unser letztes Wort ist:

Aller Preis gebührt Allah, dem Schöpfer und Herrn der Welten.

Abschließendes Gebet

Diese meine Botschaft an die Welt ist hiermit beendet. Doch ein Mensch kann höchstens ein Gerüst aufstellen. Es ist an Gott, es mit Leben zu füllen. Nachdem ich lso meine Botschaft an die Welt beendet habe, wende ich mich an den Himmlischen Meister, den Beherrscher aller Schönheit und aller Macht mit dem demütigen Gebet: Oh mein Gott, ich habe diese vierzig Ahadith des Heiligen Propheten (möge meine Seele seinem Dienst gewidmet sein) gesammelt, herausgesucht aus verschiedenen Büchern mit aufrichtigem Motiv und wahrhaftem Herzen.

Doch ohne Deine Hilfe und Gnade kann diese meine demütige Bemühung nicht des Feuers wert sein, das auf Deine Anordnung hin vom Himmel gesandt wird, toten Dingen Leben zu geben und aus Körnern von Sand glitzernde Sterne zu machen. So bitte ich Dich, mein Gott, bei Deiner Gnade und Allmacht, mach diese meine kleine Arbeit würdig für Deine ewigen und fortwährenden Segnungen; mögen diese heiligen Worte Deines Heiligen Propheten die Herzen und Gemüter der Leser erleuchten und sie auf den rechten Weg lenken. Mögen Einzelne und Familien gleichermaßen dadurch den Weg zur Glückseligkeit finden und möge damit Nationen und Völkern geholfen werden, zu Wohlstand und Aufstieg zu gelangen. Denn, obwohl sie in ihrer Erscheinung einfache Worte sind, offenbart ihre Ausstrahlung die zahllosen Möglichkeiten der Reform und des Fortschritts, die in ihnen liegen. Und, oh mein Schöpfer und Meister, oh mein Gott, bitte gewähre mir ebenso Schutz im Schatten Deiner Gnade und Barmherzigkeit und bei der Liebe zu Deinem Heiligen Propheten, die Du in mein armes Herz gesenkt hast, mache mich standhaft in dieser Welt, in den Lehren, die er brachte und begnade mich mit der Kühle seiner Füße im zukünftigen Leben. Amen! Oh Mitleidigster voller Barmherzigkeit.

Mizra Bashir Ahmad

Weitere Informationen,
kostenlose Broschüren und Kassetten sind erhältlich bei:

Ahmadiyya Muslim Jamaat, Verlag DER ISLAM
Nuur-Moschee
Babenhäuser Landstraße 25, 60599 Frankfurt
Tel. 069/681062 und 681485, Fax 069/686504,

Ahmadiyya Muslim Jamaat, Zentrale für Deutschland
Mittelweg 43, 60318 Frankfurt
Tel. 069/554501, Fax 069/554381

Ahmadiyya Muslim Jamaat, Versammlungszentrum Naha
Wakendorfer Straße 11, 23866 Nahe
Tel. 0435/1698

Ahmadiyya Muslim Jamaat, Versammlungszentrum Berlin,
Meteorstraße 52, 13405 Berlin-Reinickendorf
Tel. 030/4122313

Ahmadiyya Muslim Jamaat, Bait-un-Nasr Moschee
Eichhornstraße 2–4, 50735 Köln
Tel. 0221/713307 · Fax 7126197

Ahmadiyya Muslim Jamaat, Fazl-e-Omar Moschee
Wieckstraße 24, 22527 Hamburg
Tel. 040/405560 · Fax 4918474

Ahmadiyya Muslim Jamaat, Versammlungszentrum Nasir-Bagh
Frankfurter Straße 136, 64521 Groß-Gerau
Tel. 06152/81777 oder 82895

Ahmadiyya Muslim Jamaat, Versammlungszentrum Stuttgart
Max-Eyth-Straße 6/2, 70839 Gerlingen
Tel. 07156/29597

Ahmadiyya Muslim Jamaat, Al-Mahdi Moschee
Massenhausener Straße 7, 85375 Neufahrn bei München
Tel. 08165/5996 · Fax 7519

Ahmadiyya Muslim Jamaat in der Schweiz, Mahmood Moschee
Forchstraße 323, CH–8008 Zürich
Tel. 01/535570, Fax 01/3822181